게임으로 배우는

스크래치 3.0

발 행 일		2022년 01월 03일 (1판 1쇄)
개 정 일		2023년 02월 01일 (1판 3쇄)
I S B N		978-89-8455-074-2(13000)
정 가		12,000원

집 필		구희정
진 행		김동주
본문디자인		디자인앨리스

발 행 처		(주)아카데미소프트
발 행 인		유성천
주 소		경기도 파주시 정문로 588번길 24
홈 페 이 지		www.aso.co.kr / www.asotup.co.kr

 이런 내용으로 구성되어 있어요!

완성작품 미리보기 다 함께 읽어봅시다

각 CHAPTER별로 배울 내용에 대한 간단한 기능 설명과 함께 완성된
이미지를 보여줍니다.

쉽게 따라하기

각 CHAPTER에서 배울 내용을 재미있는 예제를 통해 쉽게 따라하며
배울 수 있습니다.

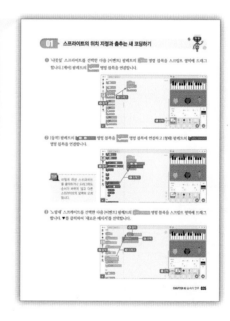

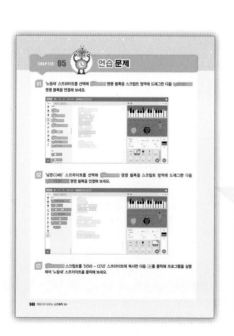

연습 문제

각 CHAPTER가 끝나면 앞에서 배운 내용을 변형 또는 추가하여 변화
된 결과를 확인하는 코딩 문제를 제공합니다.

※ 스크래치 3.0의 다양한 기능들을 학습할 수 있도록 구성하였습니다.

게임으로 배우는 스크래치 3.0에서 자주 사용하는 명령 블록

동작 팔레트

- 10 만큼 움직이기
- 방향으로 15 도 돌기
- 무작위 위치 ▼ (으)로 이동하기
- 90 도 방향 보기
- 마우스 포인터 ▼ 쪽 보기
- y좌표를 10 만큼 바꾸기
- 벽에 닿으면 튕기기

형태 팔레트

- 모양을 모양2 ▼ (으)로 바꾸기
- 다음 모양으로 바꾸기
- 크기를 10 만큼 바꾸기
- 크기를 100 %로 정하기
- 맨 앞쪽 ▼ 으로 순서 바꾸기
- 앞으로 ▼ 1 단계 보내기
- 숨기기
- 보이기

이벤트 팔레트

- ▶ 클릭했을 때
- 스페이스 ▼ 키를 눌렀을 때
- 이 스프라이트를 클릭했을 때
- 메시지1 ▼ 신호를 받았을 때
- 메시지1 ▼ 신호 보내기

제어 팔레트

- 1 초 기다리기
- 10 번 반복하기
- 무한 반복하기
- 만약 ◆ (이)라면
- 만약 ◆ (이)라면 아니면
- ◆ 까지 반복하기
- 멈추기 모두 ▼
- 나 자신 ▼ 복제하기
- 복제되었을 때
- 이 복제본 삭제하기

감지 팔레트

- 마우스 포인터 ▼ 에 닿았는가?
- 스페이스 ▼ 키를 눌렸는가?
- 무대 ▼ 의 배경 번호 ▼

연산 팔레트

- 1 부터 10 사이의 난수
- ◆ 그리고 ◆
- ◯ = 50
- ◯ ◯

목차 CONTENTS

스크래치의 전체 화면

스크래치 화면은 다양한 요소로 구성되어 있습니다. 복잡해 보일 수 있지만 알고 나면 쉽게 프로그램을 작성할 수 있습니다.

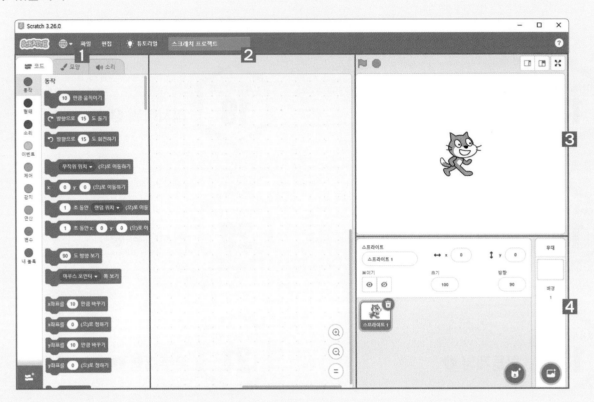

1 팔레트 영역

① **팔레트** : 코딩에 필요한 9개의 팔레트가 있으며, 팔레트 이름을 클릭하면 팔레트 내의 명령 블록이 표시됩니다. 하단의 ▦를 클릭하여 확장 기능을 추가하여 사용할 수 있습니다.

② **영역 탭**
- **[코드 탭]** : 다양한 기능의 명령 블록 모음으로 스크립트 영역에 드래그하여 프로그램을 코딩할 수 있습니다.
- **[모양 탭]** : 스프라이트에서 사용할 그림을 편집할 수 있습니다.
- **[소리 탭]** : 스프라이트에서 사용할 소리를 편집할 수 있습니다.

2 스크립트 영역

① **스크립트 영역** : 코드 탭의 명령 블록을 조립하여 프로그램을 코딩할 수 있습니다.

② ▣, ▣, ▣ **도구** : 스크립트 영역의 명령 블록을 확대, 축소, 가운데 정렬을 할 수 있습니다.

3 무대 : 스크립트 영역에서 조립한 명령 블록에 따라 스프라이트가 움직이는 공간입니다.

① [실행(⚑)] 버튼 : 완성된 프로그램을 실행합니다.

② [정지(⏺)] 버튼 : 실행 중인 프로그램을 일시 정지합니다.

③ [무대 확대 / 축소(▢ ▢)] 버튼 : 무대를 확대 또는 축소하여 표시합니다.

④ [화면 확대(⬚)] 버튼 : 무대를 전체 화면으로 표시합니다.

4 스프라이트 영역 : 무대에 삽입된 배경과 캐릭터, 소품 등이 표시됩니다.

① **스프라이트 정보** : 스프라이트 정보가 표시되며 이름, 위치(x, y), 보이기, 크기, 방향 등을 변경할 수 있습니다.

② **스프라이트 고르기 버튼(◉)**
   - **스프라이트 고르기(🔍)** : 스크래치에서 기본으로 제공되는 스프라이트 저장소에서 스프라이트 모양을 골라 사용할 수 있습니다.
   - **그리기(✎)** : 새로운 스프라이트를 직접 그릴 수 있습니다.
   - **서프라이즈(✷)** : 스프라이트 저장소에 있는 임의의 스프라이트가 무대에 나타납니다.
   - **스프라이트 업로드하기(⬆)** : 컴퓨터에 저장되어 있는 이미지를 업로드하여 스프라이트로 사용할 수 있습니다.

③ **무대** : 프로그램의 배경이 되는 곳으로 그림을 표시하고 팔레트 영역에서 무대의 코드, 모양, 소리 등을 변경할 수 있습니다.

④ **배경 고르기 버튼(◉)**
   - **배경 고르기(🔍)** : 스크래치에서 기본으로 제공되는 배경 저장소에서 무대 배경을 골라 사용할 수 있습니다.
   - **그리기(✎)** : 새로운 무대 배경을 직접 그릴 수 있습니다.
   - **서프라이즈(✷)** : 배경 저장소에 있는 임의의 배경이 무대에 나타납니다.
   - **배경 업로드하기(⬆)** : 컴퓨터에 저장되어 있는 이미지를 업로드하여 무대 배경으로 사용할 수 있습니다.

키보드로 조정하는 자동차 만들기

무선 조정 자동차처럼 키보드로 조정하는 자동차를 만들어 보겠습니다. 그리고
스크래치에서 스프라이트의 위치를 지정하는 방법에 대해서도 알아보겠습니다.

학습목표

• 배경 저장소를 이용하여 무대를 꾸밀 수 있습니다.
• 스프라이트를 추가하고 명령 블록을 이용하여 코딩할 수 있습니다.

☼ **완성 파일** : 자동차(완성).sb3
☼ **사용 방법** : ↑ 키(위로 이동)과 ↓ 키(아래로 이동)를 이용하여 자동차를 조정합니다.

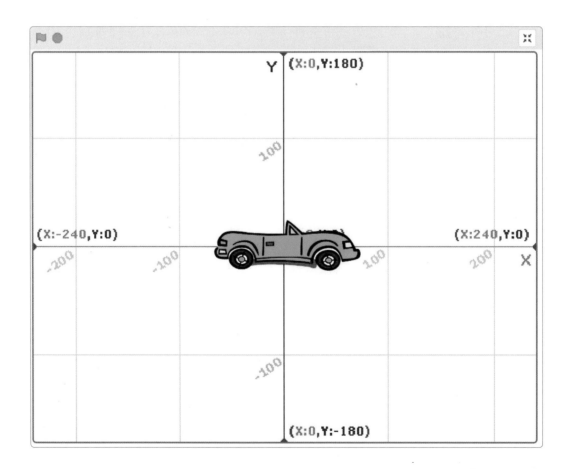

X와 Y좌표를 위한 배경 삽입하기

❶ 필요 없는 스프라이트를 삭제하기 위해 'Sprite1' 스프라이트(고양이)에서 '휴지통(🗑)'을 클릭합니다.

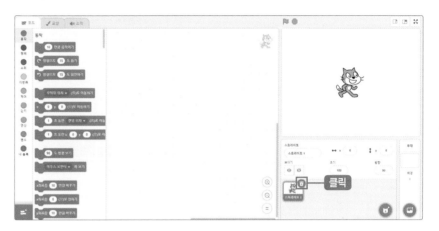

❷ 새로운 배경을 추가하기 위해 [무대]를 선택하고 '배경 고르기(🔍)'를 클릭합니다.

❸ [배경 고르기] 창이 나타나면 화면을 아래로 드래그해 'Xy-grid'를 클릭합니다.

④ 새로운 배경이 나타납니다. 필요없는 배경을 삭제하려면 [배경] 탭에서 삭제할 배경을 클릭한 후, '휴지통()'을 선택합니다.

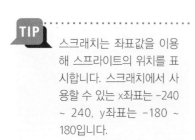

TIP

스크래치는 좌표값을 이용해 스프라이트의 위치를 표시합니다. 스크래치에서 사용할 수 있는 x좌표는 -240 ~ 240, y좌표는 -180 ~ 180입니다.

02 새로운 스프라이트 만들기

① 새로운 스프라이트를 추가하기 위해 스프라이트 영역에서 '스프라이트 고르기()'를 클릭합니다.

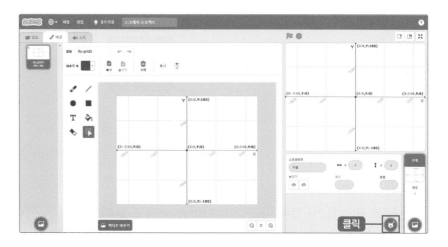

② [스프라이트 고르기] 창이 나타나면 화면을 아래로 드래그해 'Convertible 2'를 클릭합니다.

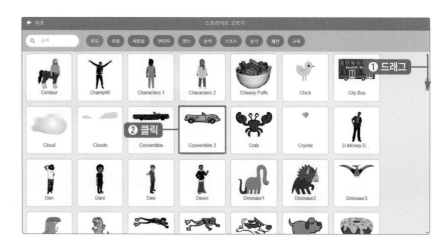

스프라이트 위치 정하기

① [코드] 탭을 클릭한 다음 [이벤트]를 클릭합니다. [이벤트] 팔레트가 나타나면 명령 블록을 스크립트 영역으로 드래그합니다.

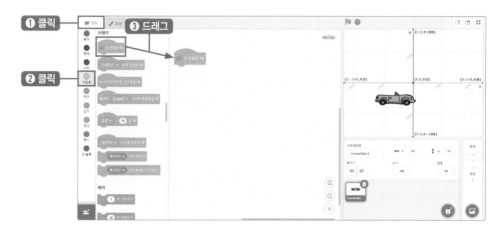

② [동작] 팔레트를 클릭하여 x -61 y -31 (으)로 이동하기 명령 블록을 드래그해 그림과 같이 연결한 다음 값을 '0, 0'으로 변경합니다.

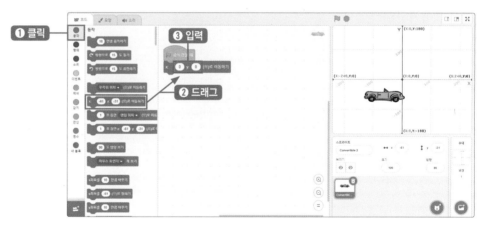

③ 무대의 'Convertible 2' 스프라이트를 그림과 같이 드래그해 위치를 변경한 다음 [실행(▶)] 버튼을 클릭합니다.

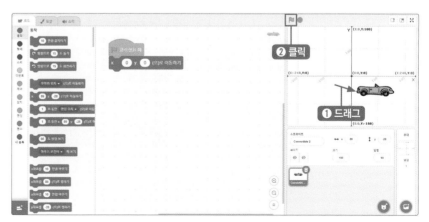

④ 'Convertible 2' 스프라이트가 무대의 가운데인 x: 0, y: 0으로 이동한 것을 확인합니다.

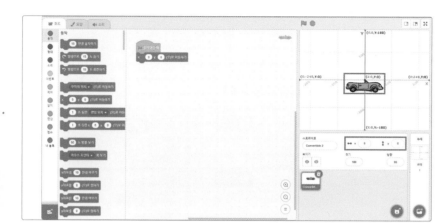

TIP 명령 블록을 이용하면 프로그램을 실행할 때마다 스프라이트가 같은 위치에서 시작하도록 만들 수 있습니다.

04 키보드로 스프라이트 움직이기

❶ [이벤트] 팔레트의 ▭▭ 명령 블록을 드래그합니다. ▭▭ 명령 블록의 ▼를 클릭하여 '위쪽 화살표'를 선택합니다. 이어서, [동작] 팔레트를 클릭한 후 ▭▭ 명령 블록을 드래그해 그림과 같이 연결합니다.

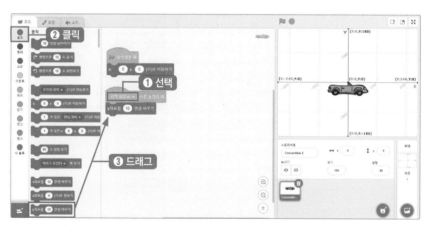

❷ 동일한 방법으로 [이벤트] 팔레트의 ▭▭ 명령 블록과 [동작] 팔레트의 ▭▭ 명령 블록을 각각 드래그하여 그림과 같이 연결한 다음 값을 '-10'으로 변경합니다.

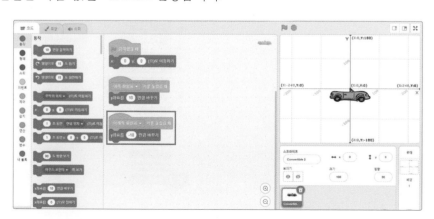

❸ [실행()] 버튼을 클릭하여 프로그램을 실행한 다음 위쪽 화살표 ⬆ 키와 아래쪽 화살표 ⬇ 키를 눌러 자동차가 위·아래로 움직이는 것을 확인합니다.

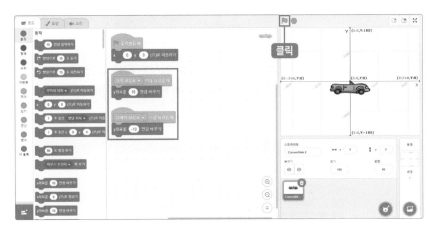

05 ▶ 프로젝트 저장하기

❶ [파일]-[컴퓨터에 저장하기]를 클릭합니다. [다른 이름으로 저장] 대화상자가 나타나면 저장할 폴더를 선택합니다. 파일 이름을 입력하고 [저장]을 클릭하여 프로젝트를 저장합니다.

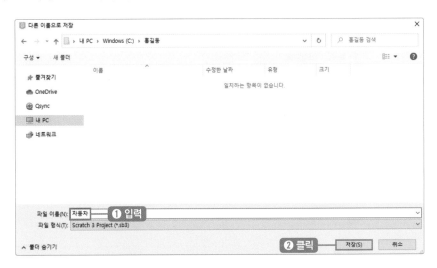

 스크래치 3.0으로 만든 파일의 확장자는 .sb3이며, 스크래치 2.0으로 만든 파일의 확장자는 .sb2입니다.

01 오른쪽 화살표(→) 키를 눌렀을 때 자동차를 오른쪽으로 움직이게하고, 왼쪽 화살표(←) 키를 눌렀을 때 자동차를 왼쪽으로 움직이게 하도록 코딩해 보세요.

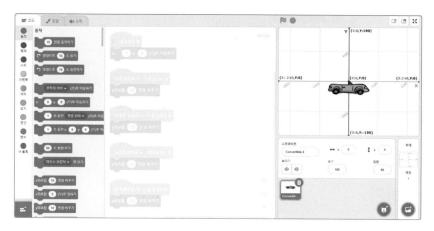

02 자동차가 왼쪽으로 움직일 때는 왼쪽을 바라보고, 오른쪽으로 움직일 때는 오른쪽을 바라보게 하려면 어떻게 해야 할까요?

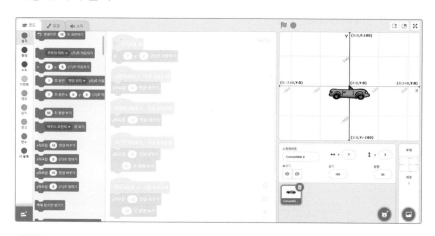

> **TIP**
> 자동차를 왼쪽으로 움직일 때 왼쪽을 바라보는 모양이 다음과 같이 뒤집혀서 나올 경우 '스프라이트 영역'의 [방향]을 클릭한 후, 회전 방식을 '왼쪽/오른쪽(▶◀)'을 선택합니다.

▲ ← 키를 누를 때 자동차가 뒤집혀서 나올 경우

CHAPTER 02

마우스를 따라다니는 고양이

스프라이트는 마우스 포인터로도 위치를 바꿀 수 있으며, 스프라이트가 마우스 포인터를 보고 따라 움직일 수 있습니다. 그럼 지금부터 마우스 포인터를 따라 다니는 고양이를 만들어 보겠습니다.

학습목표

- 컴퓨터에 저장되어 있는 스프라이트와 배경을 불러올 수 있습니다.
- 특정 스프라이트가 이동하는 데로 따라다니는 스프라이트를 만들 수 있습니다.

☼ **예제 파일 :** 배경.svg, 고양이.svg, 생쥐.svg ☼ **완성 파일 :** 생쥐를 따라다니는 고양이(완성).sb3

☼ **사용 방법 :** 마우스가 움직이는 데로 생쥐가 움직이며 고양이는 생쥐를 잡기 위해 따라다닙니다.

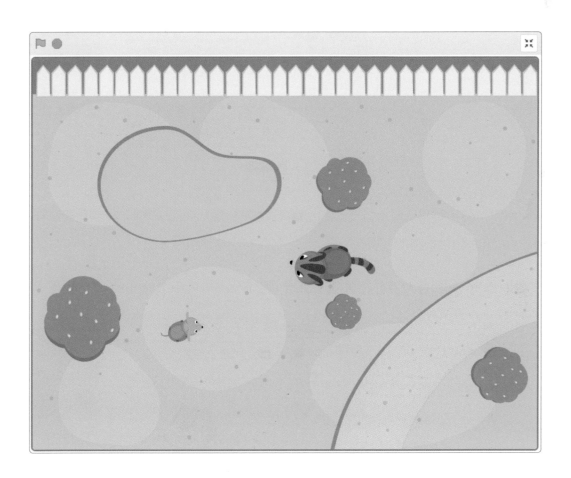

01 ▶ 배경 불러오기

① 컴퓨터에 있는 배경 파일을 불러오기 위해 [배경 고르기( )]-[배경 업로드하기( )]를 클릭합니다.
[열기] 대화상자가 나타나면 '배경.svg' 파일을 선택하고 [열기]를 클릭합니다.

② 새로운 배경이 삽입됩니다.

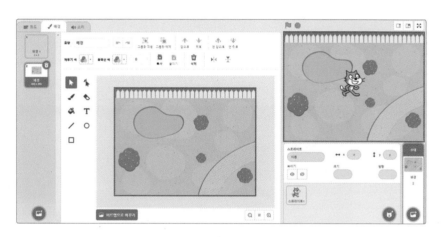

TIP 삽입된 배경이 무대보다 작거나 크면 선택하기( )을 클릭하여 삽입된 그림을 선택하고 모서리를 드래그하여 크기를 조절
합니다.

③ 필요 없는 스프라이트를 삭제하기 위해 '스프라이트 1' 스프라이트(고양이)의 휴지통( )을 클릭합니다.

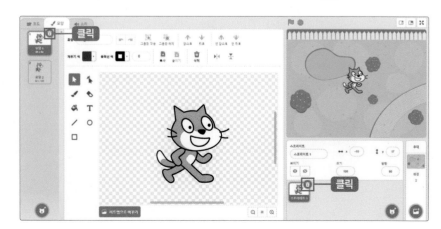

❹ '고양이'를 불러오기 위해 스프라이트 영역에서 [스프라이트 고르기(◉)]-[스프라이트 업로드하기(↥)]를 클릭합니다. [열기] 대화상자가 나타나면 '고양이.svg' 파일을 선택하고 [열기]를 클릭합니다.

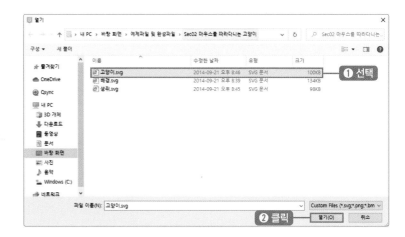

❺ 새로운 스프라이트가 삽입됩니다.

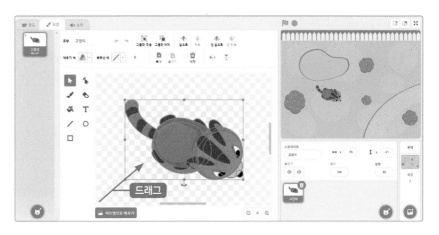

TIP 스프라이트의 크기를 바꾸려면 [모양] 탭을 선택합니다. [선택(▶)] 아이콘으로 스프라이트 전체를 선택한 후 모서리를 드래그하여 크기를 조정합니다.

❻ 동일한 방법으로 '생쥐.svg' 파일을 불러옵니다.

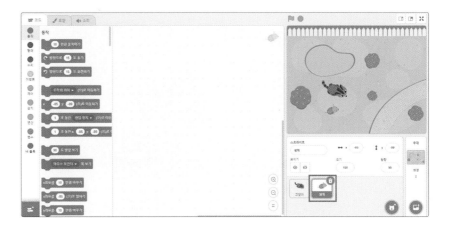

02 마우스를 따라 움직이는 생쥐 만들기

❶ '생쥐' 스프라이트를 선택한 후 [코드] 탭을 클릭합니다. [이벤트] 팔레트의 ⬭ 명령 블록을 스크립트 영역으로 드래그합니다.

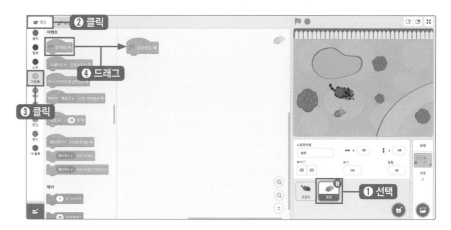

❷ [제어] 팔레트의 ⬭ 명령 블록을 드래그하여 연결합니다.

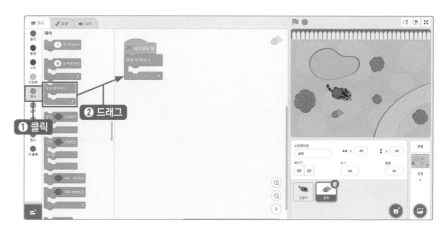

> **TIP** '무한 반복하기' 명령 블록은 블록 안에 있는 명령 블록을 프로그램이 종료될 때 까지 계속 반복하여 실행합니다.

❸ [동작] 팔레트의 ⬭ 마우스 포인터 ▼ 쪽 보기 명령 블록을 ⬭ 무한 반복하기 명령 블록 안에 연결합니다.

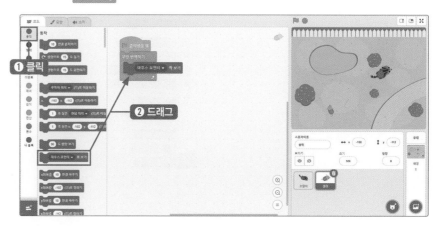

④ 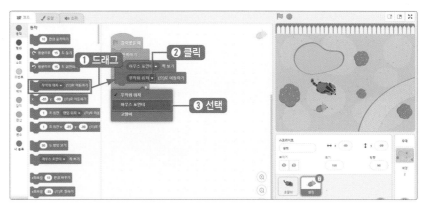 명령 블록을 ▨ 마우스 포인터 ▾ 쪽 보기 명령 블록 아래에 연결하고, ▼를 클릭하여 '마우스 포인터'를 선택합니다.

⑤ [실행(▣)] 버튼을 클릭한 다음 마우스를 이리저리 움직이면 생쥐가 마우스 포인터를 따라다닙니다.

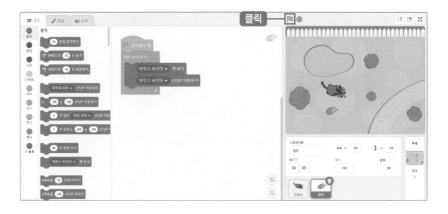

⑥ 실행 확인이 끝나면 [정지(●)] 버튼을 클릭합니다.

---

03 생쥐를 따라다니는 고양이 만들기

① '고양이' 스프라이트를 선택한 다음 [이벤트] 팔레트의 ▨ 명령 블록을 스크립트 영역으로 드래그 합니다.

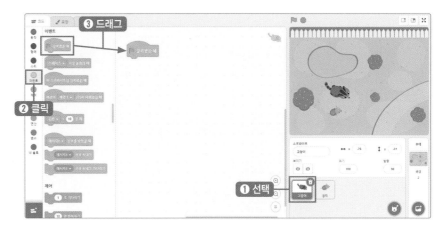

❷ [제어] 팔레트의 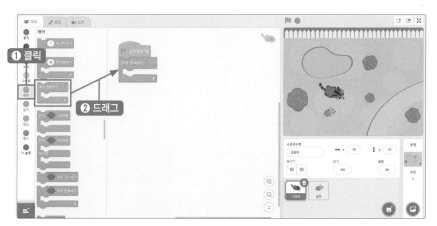 명령
블록을 연결합니다.

❸ [동작] 팔레트의 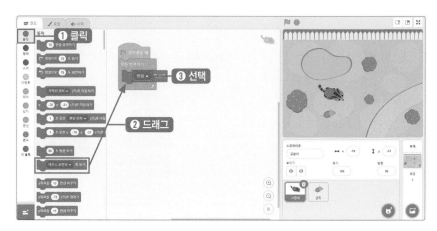 명령 블록을 연결한 다음 ▼ 를 클릭하여 '생쥐'를 선택합니다.

❹ 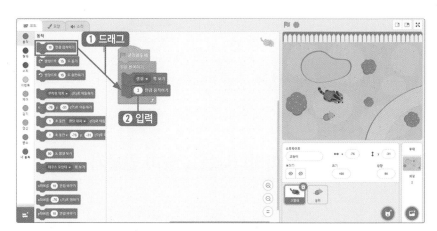 명령 블록을 연결한 다음 값을 '3'으로 입력합니다.

❺ [실행(🏳)] 버튼을 클릭한 다음 마우스를 이리저리 움직이면 고양이가 생쥐를 따라다닙니다.

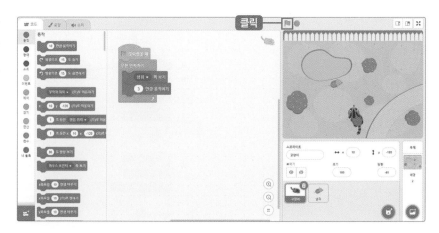

CHAPTER 02 연습 문제

01 고양이가 처음 나타나는 위치를 'x: 0, y: 0'으로 설정해 보세요.

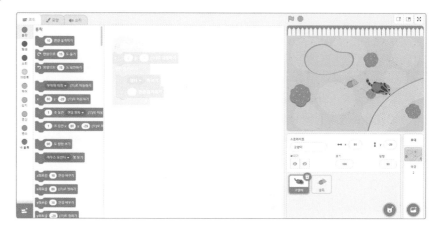

02 고양이가 생쥐의 위치로 이동하는 거리를 '5'로 바꾼 다음 ▶를 클릭해 프로그램을 실행해 보세요.

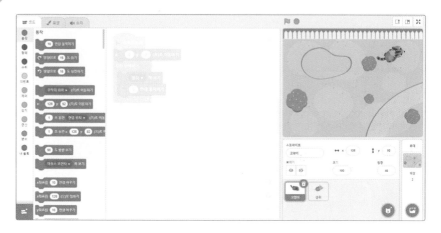

03 생쥐가 마우스 포인터의 위치로 '5'만큼씩 이동하도록 코딩해 보세요.

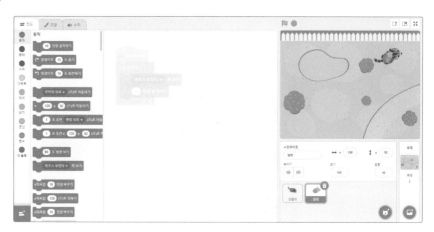

CHAPTER

03

선생님 몰래 춤추기 ❶

특정 키를 누르면 학생들이 춤을 추도록 만들어 보겠습니다.

학습목표

• 스프라이트를 삽입할 수 있습니다.

• 음악을 재생할 수 있도록 코딩을 할 수 있습니다.

• 특정 키를 누르면 지정된 동작을 할 수 있습니다.

☒ **예제 파일** : 선생님몰래춤추기.sb3   ☒ **완성 파일** : 선생님몰래춤추기(완성).sb3

☒ **사용 방법** : 선생님이 칠판을 보고 있을 때 <kbd>Space Bar</kbd> 키를 누르면 학생들이 춤을 추고, 춤을 추다 선생님께 들키면 벌을 서는 게임입니다.

배경과 스프라이트 삽입하기

❶ 스크래치를 실행한 다음 [파일] 메뉴의 [Load from your computer]를 선택합니다.

❷ [열기] 대화상자가 나타나면 '선생님몰래춤추기.sb3' 파일을 선택하고 [열기] 버튼을 클릭합니다.

 배경 음악 삽입하기

❶ 무대를 선택한 다음 [이벤트] 팔레트의 명령 블록을 스크립트 영역으로 드래그합니다.

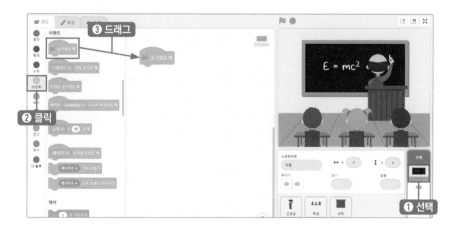

❷ [제어] 팔레트의 명령 블록을 드래그해 연결합니다. [소리] 팔레트의 [Guitar Chords2 ▼ 끝까지 재생하기] 명령 블록을 드래그해 연결합니다.

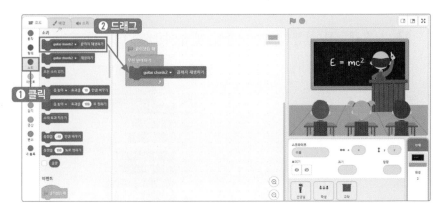

03 스페이스 키를 눌렀을 때 춤추기

❶ '학생' 스프라이트를 선택한 다음 [이벤트] 팔레트의 [클릭했을 때] 명령 블록을 스크립트 영역으로 드래그합니다. [제어] 팔레트의 명령 블록을 연결한 다음 [만약 ◇ (이)라면] 명령 블록을 연결합니다.

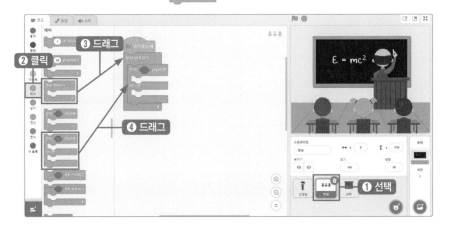

❷ [감지] 팔레트의 <스페이스 ▼ 키를 눌렀는가?> 명령 블록을 조건(만약 ◆ 라면)에 삽입한 다음 '스페이스'가 맞는지 확인합니다.

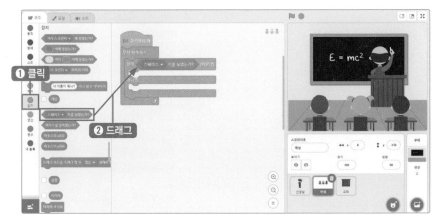

❸ [이벤트] 팔레트의 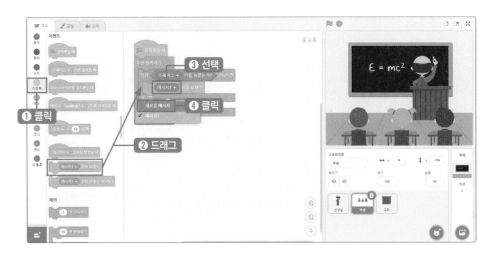 명령 블록을 연결한 다음 ▼를 클릭하여 '새로운 메시지'를 클릭합니다.
[새로운 메시지] 대화상자가 나타나면 '춤추기'를 입력합니다.

❹ [형태] 팔레트의 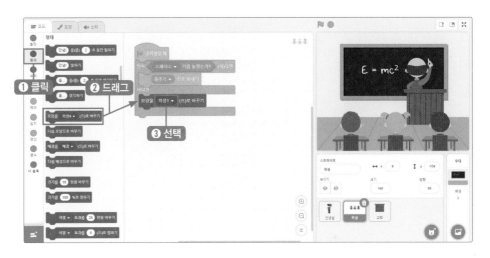 명령 블록을 연결한 다음 ▼를 클릭하여 '학생 1'을 선택합니다.

❺ [이벤트] 팔레트의 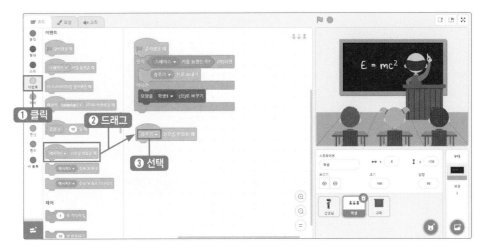 명령 블록을 스크립트 영역으로 드래그한 다음 ▼를 클릭하여 '춤추기'를 선택합니다.

❻ [형태] 팔레트의 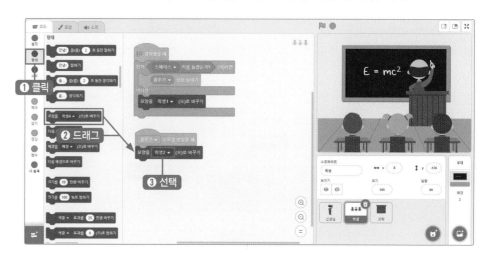 명령 블록을 연결한 다음 ▼를 클릭하여 '학생 2'를 선택합니다.

❼ [제어] 팔레트의 명령 블록을 연결한 다음 '0.1'을 입력합니다.

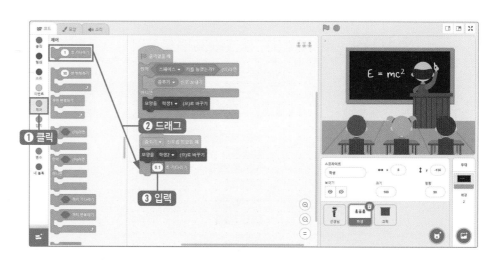

❽ 같은 방법으로 [형태] 팔레트의 명령 블록을 연결한 다음 ▼를 클릭하여 '학생 3'을 선택합니다. [제어] 팔레트의 명령 블록을 연결한 다음 '0.1'을 입력합니다. 이렇게 하면 Space Bar 키를 누를 때마다 모양이 바뀌면서 학생들이 춤을 추게 됩니다.

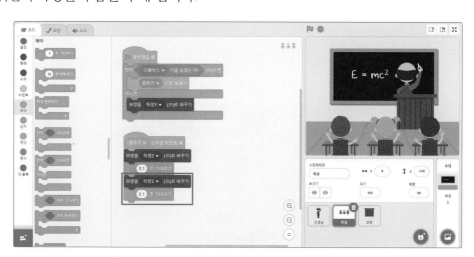

01 [무대]에서 guitar chords2 ▾ 끝까지 재생하기 명령 블록을 guitar chords2 ▾ 재생하기 명령 블록으로 바꾼 다음 ▶를 클릭해 프로그램을 실행해 보세요.

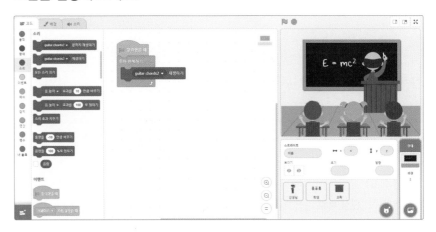

02 '춤추기 신호 보내고 기다리기'로 바꾼 다음 어떤 차이가 있는지 확인해 보세요.

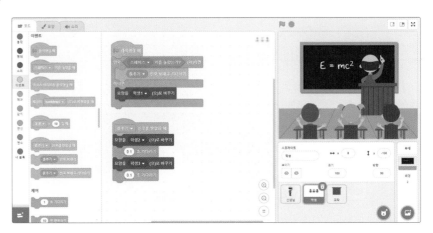

03 '스페이스키를 눌렀는가?'를 '아무 키나 눌렀는가?'로 바꾼 다음 실행해 보세요.

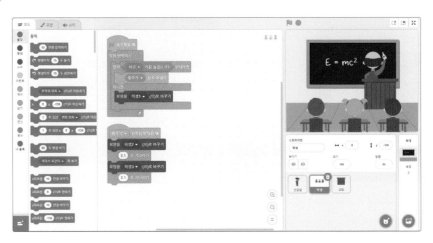

CHATER 04

선생님 몰래 춤추기 ❷

조건을 검사하여 조건에 만족하면 특정 동작을 실행하는 방법에 대해서 알아 보겠습니다.

학습목표

• 특정 조건을 만족하는지 검사할 수 있습니다.
• 새로운 이벤트를 만들 수 있습니다.

¤ **예제 파일 :** 선생님몰래춤추기.sb3   ¤ **완성 파일 :** 선생님몰래춤추기(완성).sb3

¤ **사용 방법 :** 선생님이 칠판을 보고 있을 때 Space Bar 키를 누르면 학생들이 춤을 추고, 춤을 추다 선생님께 들키면 벌을 서는 게임입니다.

선생님 스프라이트 코딩하기

❶ '선생님' 스프라이트를 선택한 후 [이벤트] 팔레트의 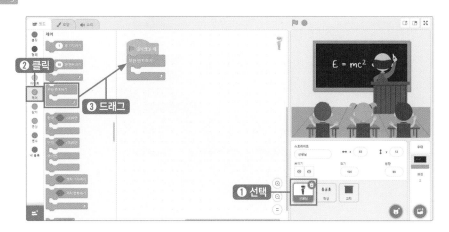 명령 블록을 스크립트 영역으로 드래그 합니다. [제어] 팔레트의 명령 블록을 연결합니다.

❷ [형태] 팔레트의 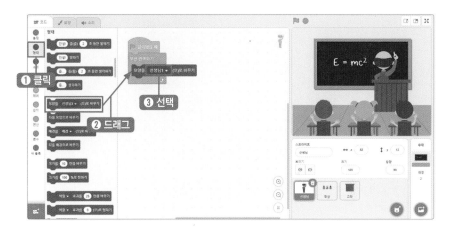 명령 블록을 연결한 다음 ▼를 클릭하여 '선생님1'을 선택합니다.

❸ [제어] 팔레트의 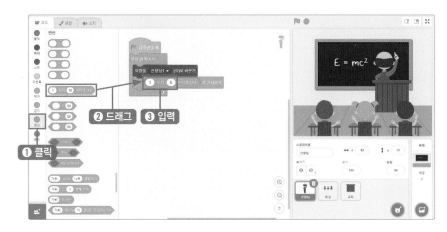 명령 블록을 연결합니다. [연산] 팔레트의 명령 블록을 에 연결한 다음 '1'과 '5'를 입력합니다. 이렇게 하면 1부터 5 사이의 난수가 지정됩니다.

❹ [형태] 팔레트의 [모양을 선생님3 ▼ (으)로 바꾸기] 명령 블록을 연결한 다음 ▼를 클릭하여 '선생님2'를 선택합니다.

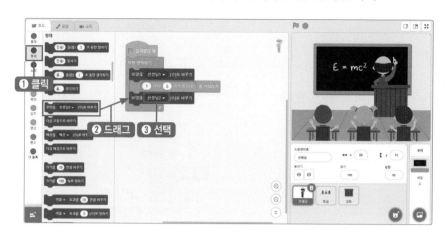

❺ [제어] 팔레트의 [1 초 기다리기] 명령 블록을 연결한 다음 '1초'로 지정되어 있는지 확인합니다.

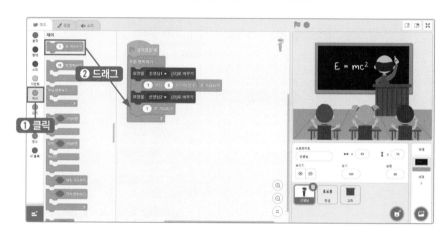

02 스프라이트 모양 확인하기

❶ '교탁' 스프라이트를 선택합니다. [이벤트] 팔레트의 [클릭했을 때] 명령 블록을 스크립트 영역에 드래그한 다음 [제어] 팔레트의 [무한 반복하기] 명령 블록을 연결합니다.

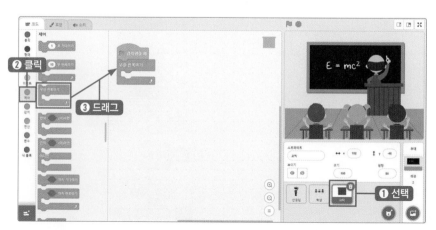

❷ [제어] 팔레트의 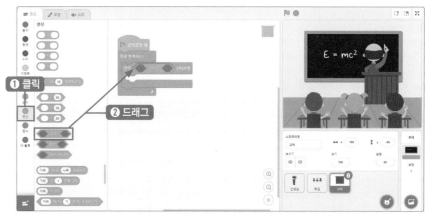 명령
블록을 연결한 다음 [연산]
팔레트의 ◆ 그리고 ◆ 명령 블록
을 '만약 ■ 라면' 안으로 연결
합니다.

❸ ◆ 그리고 ◆ 명령 블록의 양쪽에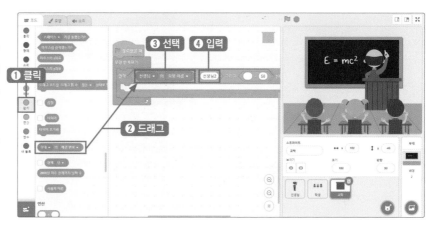
◯ 50 명령 블록을 연결한 후,
[감지] 팔레트의 무대▼ 의 배경 번호▼
명령 블록을 연결합니다. ▼를
클릭하여 '선생님'과 '모양 이
름'을 각각 선택한 다음 오른
쪽 입력란에 '선생님2'를 입력
합니다.

❹ 동일한 방법으로 ◯ 50 명령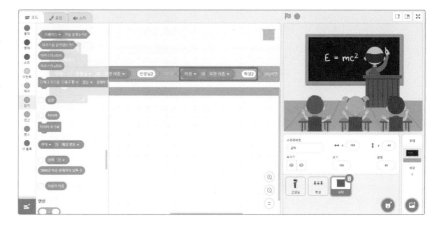
블록에 무대▼ 의 배경 번호▼ 명령 블
록을 연결한 후 ▼를 클릭하여
'학생'과 '모양 이름'을 각각
선택한 다음 오른쪽 입력란에
'학생2'를 입력합니다.

❺ [이벤트] 팔레트의 춤추기▼ 신호 보내기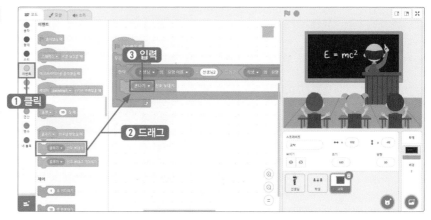
명령 블록을 연결한 다음 ▼
를 클릭하여 '새로운 메시지'
를 선택합니다. [새로운 메시
지] 대화상자가 나타나면 '혼
나기'를 입력합니다.

❻ '선생님' 스프라이트를 선택한 다음 [이벤트] 팔레트의 [방송하기 ▼ 신호를 받았을 때] 명령 블록을 연결하고 ▼를 클릭하여 '혼나기'를 선택합니다.

❼ [제어] 팔레트의 [멈추기 모두 ▼] 명령 블록을 연결한 다음 ▼를 클릭하여 '이 스프라이트에 있는 다른 스크립트'를 선택합니다. [형태] 팔레트의 [모양을 선생님3 ▼ (으)로 바꾸기] 명령 블록을 연결합니다.

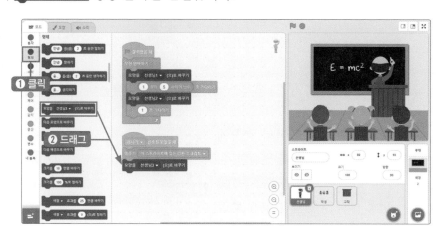

❽ 완성된 '혼나기' 스크립트를 [스프라이트 영역]의 '학생' 스프라이트에 드래그합니다. 이렇게 하면 스크립트를 다른 스프라이트에 복사할 수 있습니다.

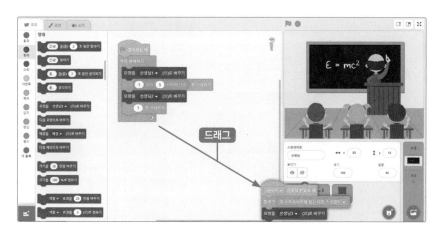

❾ '학생' 스프라이트를 선택해 복사된 스크립트를 확인합니다. [모양을 선생님3 ▼ (으)로 바꾸기] 명령 블록을 삭제하고 [형태] 팔레트의 [모양을 학생4 ▼ (으)로 바꾸기] 명령 블록을 연결합니다.

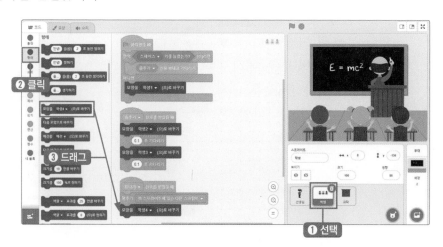

01 '선생님' 스프라이트가 1초에서 3초 사이 동안 뒤돌아볼 수 있도록 코딩해 보세요.

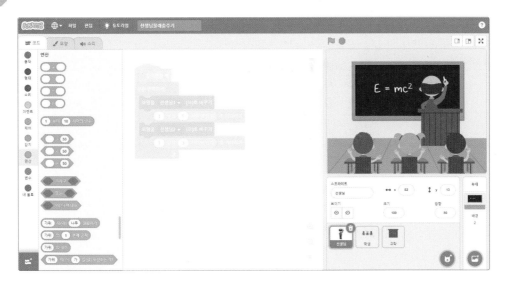

02 '선생님' 스프라이트에 명령 블록을 추가한 다음 그림처럼 코딩해 보세요.

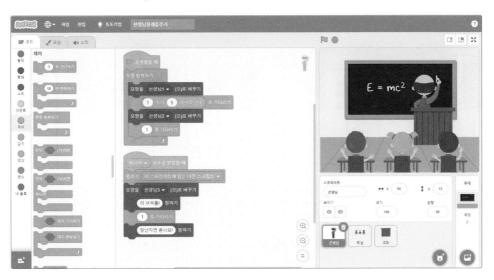

03 ▶를 클릭해 프로그램을 실행해 보고 어떤 차이가 있는지 비교해 보세요.

CHAPTER 05

숲속의 연주

마우스를 이용해 피아노를 연주하는 프로그램을 만들어 보겠습니다. 그리고 피아노 건반을 클릭하면 춤을 추는 새들도 만들어 보겠습니다.

학습목표 ·····

- 코딩을 복사할 수 있습니다.
- 스프라이트의 순서를 정할 수 있습니다.

¤ **예제 파일** : 숲속의연주.sb3 ¤ **완성 파일** : 숲속의연주(완성).sb3
¤ **사용 방법** : 마우스로 피아노 건반을 클릭합니다.

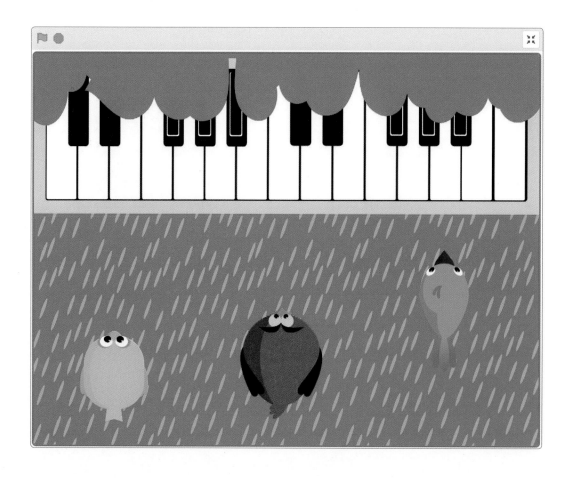

01 스프라이트의 위치 지정과 춤추는 새 코딩하기

❶ '나뭇잎' 스프라이트를 선택한 다음 [이벤트] 팔레트의 명령 블록을 스크립트 영역에 드래그 합니다. [제어] 팔레트의 명령 블록을 연결합니다.

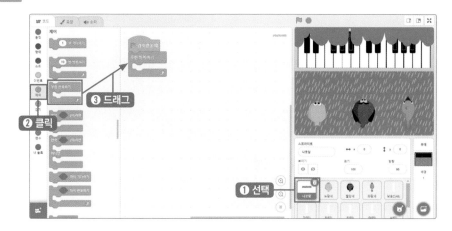

❷ [동작] 팔레트의 명령 블록을 명령 블록에 연결하고 [형태] 팔레트의 명령 블록을 연결합니다.

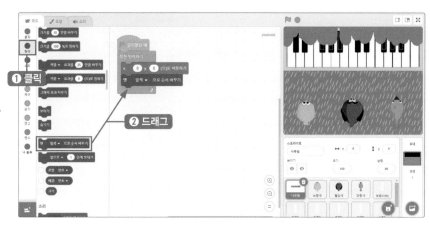

> **TIP** 이렇게 하면 스프라이트를 클릭하거나 드래그해도 순서가 바뀌지 않고 다른 스프라이트의 앞쪽에 오게 됩니다.

❸ '노랑새' 스프라이트를 선택한 다음 [이벤트] 팔레트의 명령 블록을 스크립트 영역에 드래그 합니다. ▼를 클릭하여 '새로운 메시지'를 선택합니다.

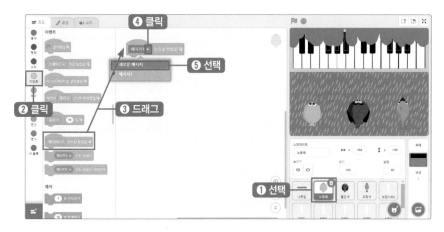

❹ [새로운 메시지] 대화상자가 나타나면 '노랑새춤추기'를 입력한 후 [확인]을 클릭합니다.

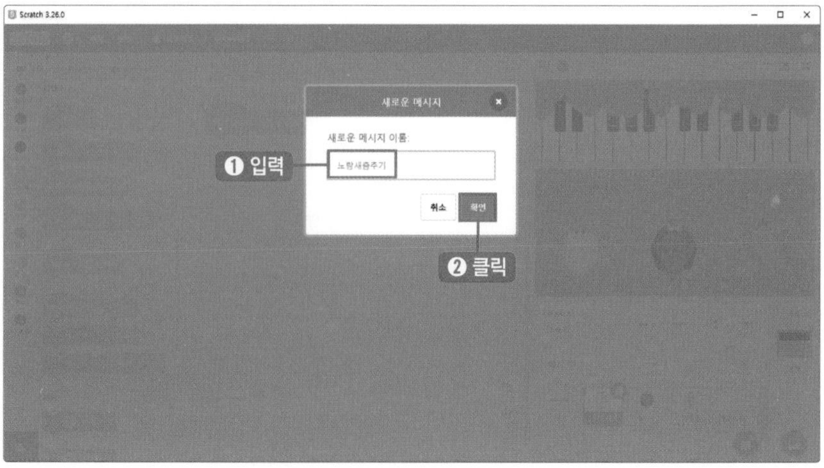

❺ [제어] 팔레트의 [10 번 반복하기] 명령 블록을 연결한 다음 값을 '4'로 변경합니다. [동작] 팔레트의 [방향으로 15 도 돌기] 명령 블록을 연결한 다음 값을 '90'으로 변경합니다. 이어서, [10 만큼 움직이기] 명령 블록을 연결합니다.

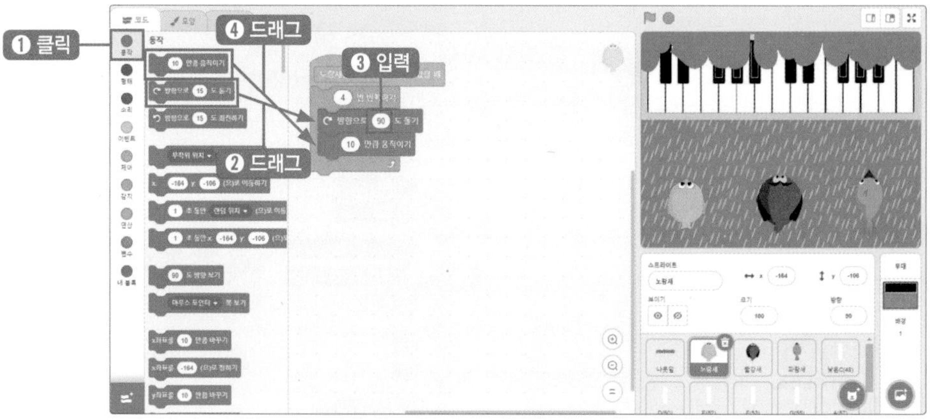

❻ [형태] 팔레트의 [다음 모양으로 바꾸기] 명령 블록을 연결하고, [제어] 팔레트의 [1 초 기다리기] 명령 블록을 연결한 다음 값을 '0.2'로 변경합니다.

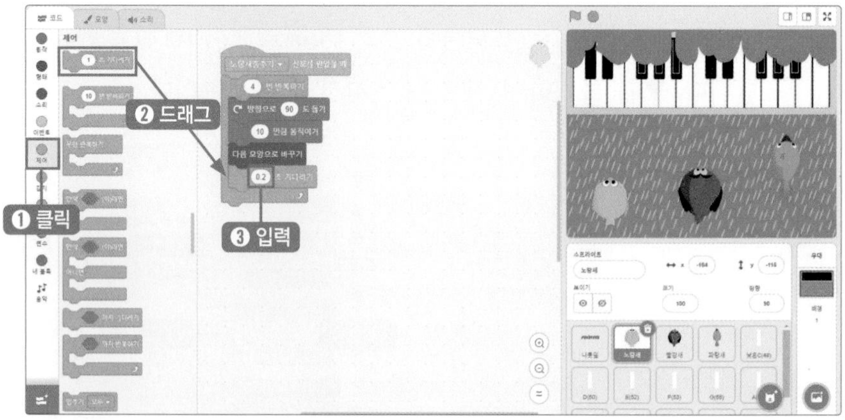

TIP

[다음 모양으로 바꾸기] 명령 블록은 선택한 스프라이트에 여러 가지 모양이 있으면, 현재 모양의 다음 모양으로 보입니다. 마지막 모양이 표시되고 있다면 처음 모양으로 바뀌게 됩니다.

❼ [형태] 팔레트의 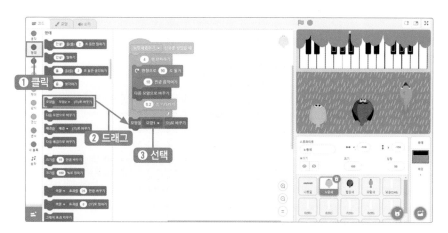 명령 블록을 연결합니다. ▼를 클릭하여 '모양1'을 선택합니다.

❽ [동작] 팔레트의 명령 블록을 연결합니다.

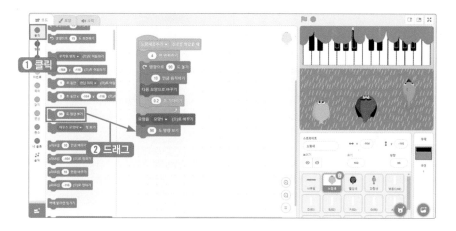

❾ '빨강새' 스프라이트와 '파랑새' 스프라이트에도 다음 그림과 같이 코딩합니다.

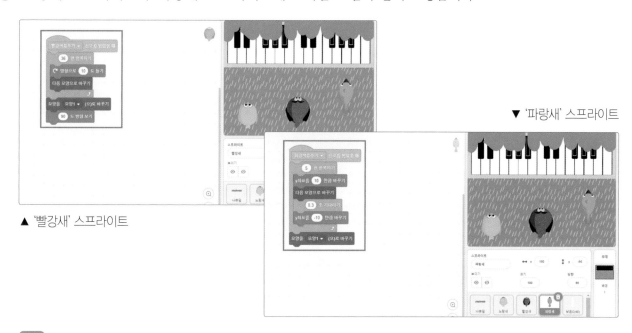

▼ '파랑새' 스프라이트

▲ '빨강새' 스프라이트

TIP 새들의 춤추기가 끝나면 첫 번째 모양으로 바꾸기 위해 '반복하기' 명령 블록 아래에 모양을 모양1 ▼ (으)로 바꾸기 명령 블록을 연결합니다.

02 스프라이트를 클릭했을 때 소리내기

❶ '낮은C(48)' 스프라이트를 선택한 다음 [이벤트] 팔레트의 ▨ 명령 블록를 스크립트 영역에 드래그 합니다. [제어] 팔레트의 ▨ 명령 블록을 연결합니다.

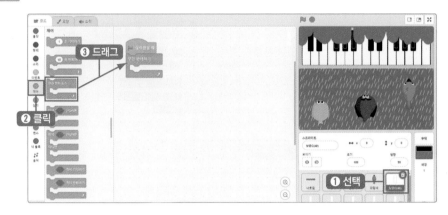

❷ [동작] 팔레트의 ▨ 명령 블록을 연결하고, [형태] 팔레트의 ▨ 명령 블록을 연결 한 다음 ▼를 클릭하여 '뒤로'를 선택하고 값을 '3'으로 변경합니다.

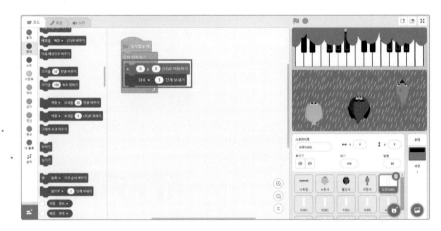

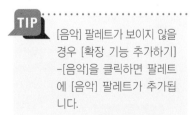
TIP 이렇게 하면 프로그램을 실행했을 때 스프라이트의 위치와 순서를 정할 수 있습니다

❸ [이벤트] 팔레트의 ▨ 명령 블록을 스크립트 영역에 드래그하고, [음악] 팔레트의 ▨ 명령 블록을 연결합니다. ▼를 클릭하여 'C (48)'을 선택한 다음 값을 '0.5'로 변경하고, [이벤트] 팔레트의 ▨ 명령 블록을 연결합니다.

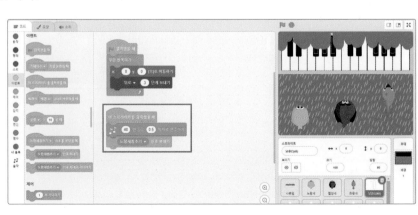

TIP [음악] 팔레트가 보이지 않을 경우 [확장 기능 추가하기] -[음악]을 클릭하면 팔레트에 [음악] 팔레트가 추가됩니다.

03 스프라이트 복사하기

① 완성된 스크립트를 그림과 같이 모두 [스프라이트 영역]의 'D(50)' 스프라이트로 드래그합니다. 이렇게 하면 스크립트를 복사할 수 있습니다.

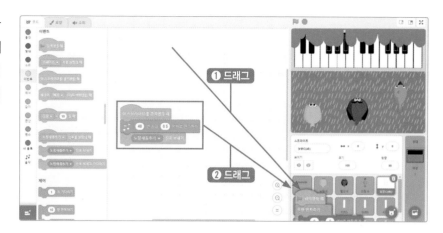

② 'D(50)' 스프라이트를 클릭하면 두 개의 스크립트가 복사되어 있습니다. ▼를 클릭하여 'D (50)'을 선택한 후, ▼를 클릭하여 '빨강새춤추기'를 선택합니다.

TIP
복사된 스크립트가 겹쳐져 있으면 스크립트 창의 빈 공간에서 마우스 오른쪽 단추를 눌러 [블록 정리하기]를 선택합니다. 이렇게 하면 겹쳐있는 스크립트가 정리됩니다.

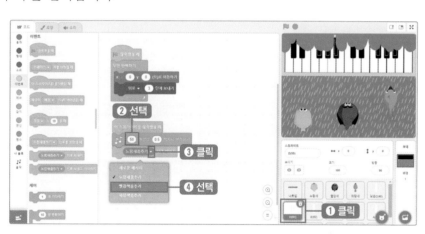

③ 동일한 방법으로 스크립트와 스크립트를 'E(52)' 스프라이트부터 'C (72)' 스프라이트까지 복사한 다음 ▼를 클릭해 '음 이름'과 '스크립트 이름'을 지정합니다.

TIP
스크립트 이름은 '노랑새춤추기', '빨강새춤추기', '파랑새춤추기'를 순서대로 반복해서 선택합니다.

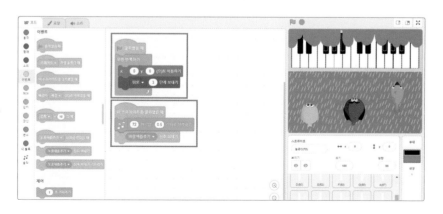

④ 실행[(▶)]을 클릭하고 피아노 건반을 클릭합니다. 그러면, 건반에 해당하는 음이 들리면서 새들이 춤을 춥니다.

01 '노랑새' 스프라이트를 선택해 [이 스프라이트를 클릭했을 때] 명령 블록을 스크립트 영역에 드래그한 다음 [악기바꾸기 ▼ 신호 보내기] 명령 블록을 연결해 보세요.

02 '낮은C(48)' 스프라이트를 선택해 [악기바꾸기 ▼ 신호를 받았을 때] 명령 블록을 스크립트 영역에 드래그한 다음 [(1) 번호로 (1)도 정하기] 명령 블록을 연결해 보세요.

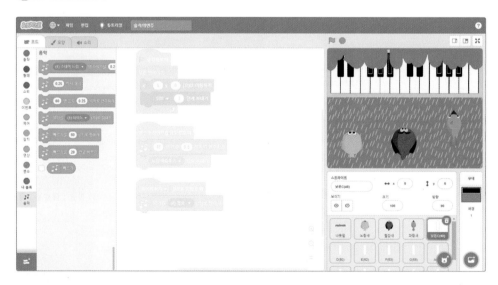

03 [악기바꾸기 ▼ 신호를 받았을 때] 스크립트를 'D(50) ~ C(72)' 스프라이트에 복사한 다음 ▥를 클릭해 프로그램을 실행하여 '노랑새' 스프라이트를 클릭해 보세요.

CHAPTER 06

풍선런

풍선이 달리다가 압정이 나타나면 뛰어올라 피하는 게임을 만들어 보겠습니다.
풍선이 뛰어올랐을 때 그림자의 크기를 바꾸는 방법도 알아보겠습니다.

학습목표

• 난수를 사용할 수 있습니다.
• 스프라이트의 크기를 조절할 수 있습니다.

¤ **예제 파일** : 풍선런.sb3 ¤ **완성 파일** : 풍선런(완성).sb3

¤ **사용 방법** : 풍선 쪽으로 압정이 다가오면 Space Bar 키를 눌러 점프하여 피하는 게임입니다.

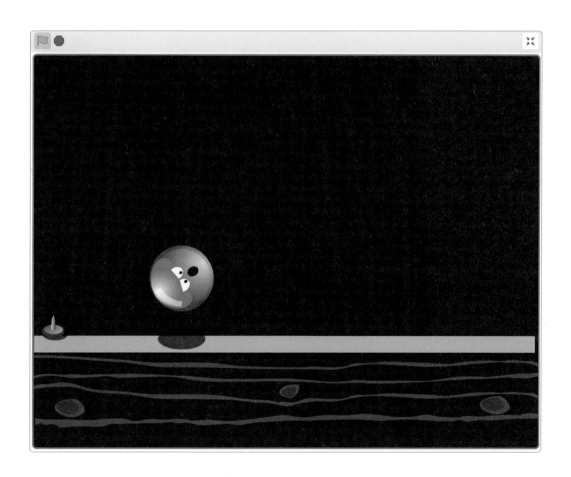

01 스프라이트의 위치 지정하기

❶ '압정' 스프라이트를 선택한 다음 [이벤트] 팔레트의 ▨▨▨▨▨ 명령 블록을 스크립트 영역에 드래그합니다. [제어] 팔레트의 ▨▨▨▨▨ 명령 블록을 연결한 후, [형태] 팔레트의 ▨▨▨ 압정3 ▾ ▨▨ 배우기 명령 블록을 ▨▨▨▨▨ 명령 블록 안에 연결합니다.

❷ [연산] 팔레트의 ▨ 1 부터 10 사이의 난수 명령 블록을 ▨▨▨ 압정3 ▾ ▨▨ 배우기 명령 블록에 연결한 다음 값을 '3'으로 변경합니다.

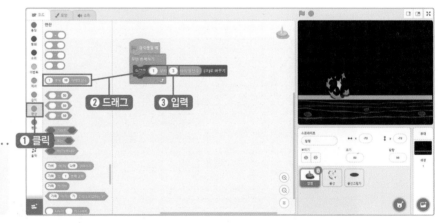

TIP 이렇게 하면 스프라이트의 모양이 1~3 중 임의의 모양으로 변경됩니다.

❸ [동작] 팔레트의 x -70 y -70 ▨▨ 이동하기 명령 블록을 연결한 다음 값을 '200', '-70'으로 변경합니다.

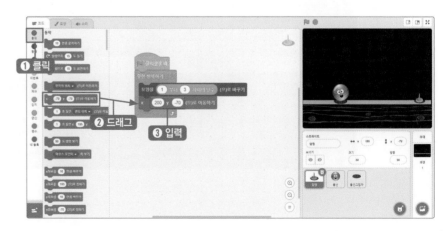

④ [제어] 팔레트의 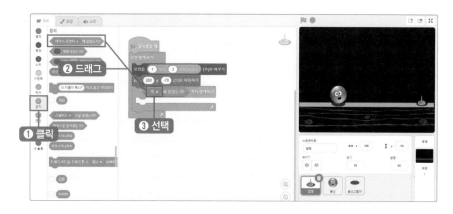 명령 블록을 연결한 후, [감지] 팔레트의 명령 블록을 연결한 다음 ▼를 클릭하여 '벽'을 선택합니다.

⑤ [동작] 팔레트의 명령 블록을 연결한 다음 값을 '-5'로 변경합니다. 이렇게 하면 '압정' 스프라이트가 오른쪽에서 왼쪽으로 벽에 닿을 때까지 이동하게 됩니다.

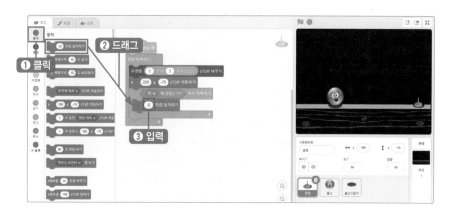

 02 ▶ **풍선이 굴러가는 모양 만들기**

① '풍선' 스프라이트를 선택한 다음 [이벤트] 팔레트의 명령 블록을 스크립트 영역에 드래그합니다. [형태] 팔레트의 명령 블록을 연결한 다음 ▼를 클릭하여 '풍선'으로 변경합니다.

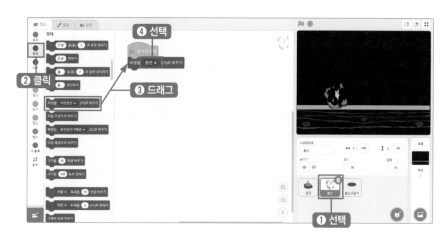

② [동작] 팔레트의 명령 블록을 연결합니다. 'x: -100', 'y: -50'을 입력한 후, [제어] 팔레트의 무한 반복하기 명령 블록을 연결합니다.

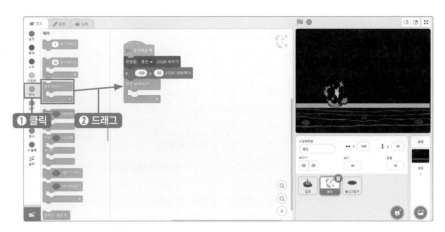

③ [동작] 팔레트의 방향으로 15 도 돌기 명령 블록을 연결하고, [제어] 팔레트의 1 초 기다리기 명령 블록을 연결한 다음 값을 '0.1'로 변경합니다.

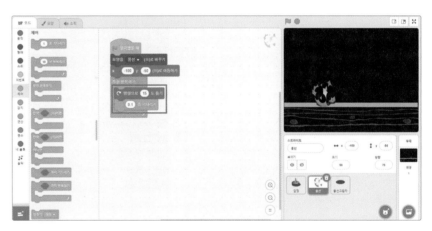

03 풍선이 압정에 닿으면 터지게 만들기

① [이벤트] 팔레트의 클릭했을 때 명령 블록을 삽입한 후, [제어] 팔레트의 무한 반복하기 명령 블록을 연결합니다.

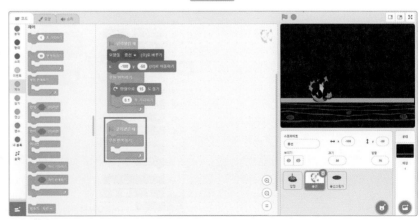

TIP

🏴를 클릭했을 때 실행할
명령 블록이 여러 개라면
클릭했을 때 명령 블록을 여러
개 삽입하여 코딩할 수 있
습니다.

❷ [제어] 팔레트의 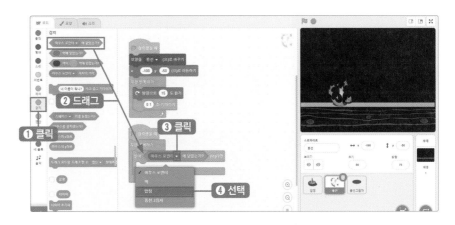 명령 블록을 연결한 후, [감지] 팔레트의 〈마우스 포인터 ▾에 닿았는가?〉 명령 블록을 연결한 다음 ▼를 클릭하여 '압정'을 선택합니다.

❸ [형태] 팔레트의 〈모양을 터진풍선 ▾ (으)로 바꾸기〉 명령 블록을 연결한 후, 풍선이 터지면 게임을 멈추도록 하기 위해 [제어] 팔레트의 〈멈추기 모두 ▾〉 명령 블록을 연결합니다.

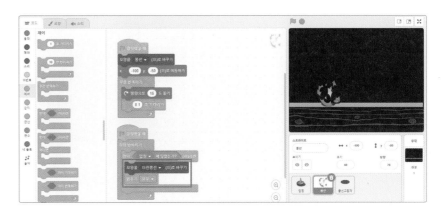

04 풍선이 뛰어오르는 모양 코딩하기

❶ [이벤트] 팔레트의 〈스페이스 ▾ 키를 눌렀을 때〉 명령 블록을 삽입한 후, [형태] 팔레트의 〈모양을 터진풍선 ▾ (으)로 바꾸기〉 명령 블록을 연결한 다음 ▼를 클릭하여 모양을 '풍선2'로 변경합니다.

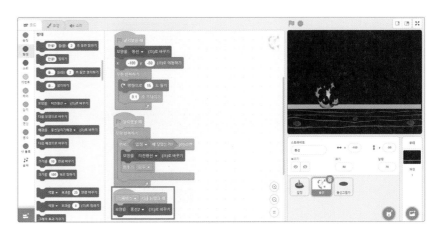

❷ [제어] 팔레트의 ▨ 명령 블록을 연결한 다음 값을 '20'으로 변경합니다. [동작] 팔레트의 ▨ 명령 블록을 연결한 다음 값을 '5'로 변경합니다.

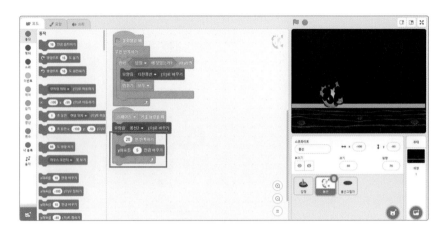

❸ [제어] 팔레트의 ▨ 명령 블록을 연결한 다음 값을 '20'으로 변경합니다. [동작] 팔레트의 ▨ 명령 블록을 연결한 다음 값을 '-5'로 변경합니다.

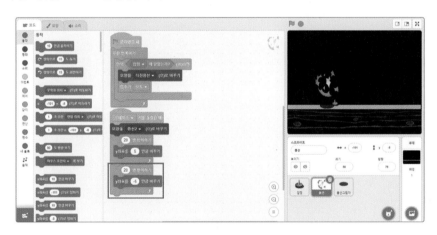

TIP 이렇게 하면 -5만큼씩 20번 반복해 이동하므로 아래로 내려오게 됩니다.

❹ 풍선이 올라갔다 내려오는 모양을 바뀌게 하기 위해 [형태] 팔레트의 ▨ 명령 블록을 연결한 다음 ▼를 클릭하여 '풍선'을 선택합니다.

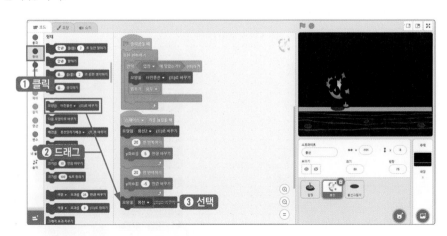

05 ▸ 그림자 크기 바꾸기

❶ '풍선그림자' 스프라이트를 선택한 다음 [이벤트] 팔레트의 ▨▨▨ 명령 블록을 스크립트 영역에 드래그합니다. [동작] 팔레트의 x ⓪ y ⓪ (으)로 이동하기 명령 블록을 연결한 다음 값을 '-100', '-80'으로 변경합니다.

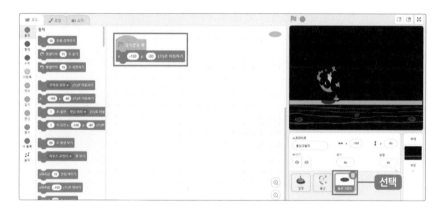

❷ [이벤트] 팔레트의 스페이스 ▾ 키를 눌렀을 때 명령 블록을 삽입한 다음 [형태] 팔레트의 크기를 ⑩⓪ %로 정하기 명령 블록을 연결하고 값을 '50'으로 변경합니다. [제어] 팔레트의 ⑩ 번 반복하기 명령 블록을 연결한 다음 값을 '20'으로 변경하고, [형태] 팔레트의 크기를 ⑩ 만큼 바꾸기 명령 블록을 연결한 다음 값을 '-1'로 변경합니다.

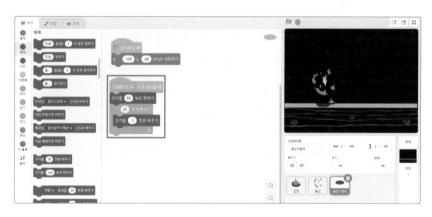

TIP 이렇게 하면 풍선 그림자의 크기가 -1만큼씩 20번 줄어들게 됩니다.

❸ [제어] 팔레트의 ⑩ 번 반복하기 명령 블록을 연결한 다음 값을 '20'으로 변경합니다. [형태] 팔레트의 크기를 ⑩ 만큼 바꾸기 명령 블록을 연결한 다음 값을 '1'로 변경합니다. ⚑를 클릭해 프로그램을 실행합니다.

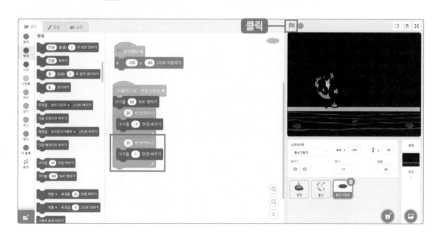

TIP 이렇게 하면 풍선 그림자의 크기가 1만큼씩 20번 커지게 됩니다.

01 '풍선' 스프라이트에 다음 내용에 만족하도록 코딩해 보세요.

- 풍선이 오른쪽으로 '30'도 씩 회전하도록 한다.
- 풍선이 뛰어오를 때 바뀌는 y좌표의 값을 7만큼 '15'번 반복한다.
- 풍선이 내려올 때 바뀌는 y좌표의 값을 -7만큼 '15'번 반복한다

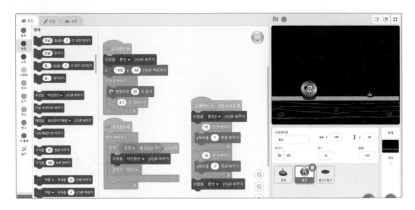

02 '풍선그림자' 스프라이트에 다음 내용에 만족하도록 코딩해 보세요.

- 크기를 '-1'만큼 바꾸기를 '15'번 반복한다. - 반복이 끝나면 크기를 '1'만큼 바꾸기를 '15'번 반복한다.

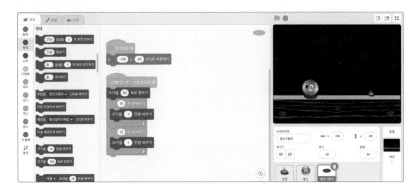

03 '압정' 스프라이트에 다음 내용에 만족하도록 코딩해 보세요.

- '압정' 스프라이트가 오른쪽에서 왼쪽으로 이동하는 속도를 '-8'로 정한다.

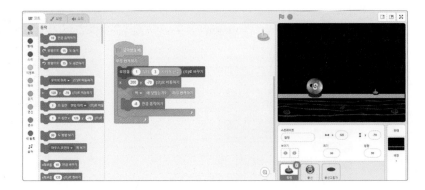

CHAPTER 07

달걀받기

기구에 타고 있는 늑대가 떨어뜨리는 달걀을 땅에 떨어지기 전에 바구니로 받는 게임입니다. 방향키를 이용해 양을 움직여 달걀을 받도록 만들어 보겠습니다.

학습목표

- 지정된 스프라이트를 특정 스프라이트의 위치로 이동시킬 수 있습니다.
- 키보드의 방향키를 이용해 스프라이트의 위치를 바꿀 수 있습니다.

¤ **예제 파일** : 달걀받기.sb3 ¤ **완성 파일** : 달걀받기(완성).sb3

¤ **사용 방법** : 양을 왼쪽 이동 ← 키와 오른쪽 이동 → 키를 이용하여 늑대가 떨어뜨리는 계란을 받는 게임입니다.

01 ▶ 왼쪽과 오른쪽으로 움직이는 늑대 코딩하기

❶ '늑대' 스프라이트를 선택한 다음 [이벤트] 팔레트의 ▭ 명령 블록을 스크립트 영역에 드래그
합니다. [동작] 팔레트의 ▭ ● y ● ○(으)로 이동하기 명령 블록을 연결하고 '0', '110'으로 변경합니다.

❷ [제어] 팔레트의 ▭ 명령 블록을 연결합니다. [동작] 팔레트의 ▭ 10 만큼 움직이기 명령 블록을 연결한 다음
값을 '3'으로 변경하고 ▭ 벽에 닿으면 튕기기 명령 블록을 연결합니다.

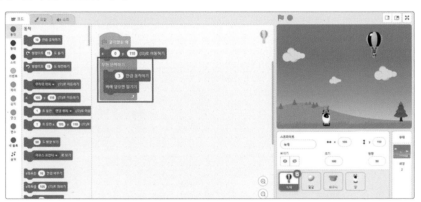

TIP 이렇게 하면 '늑대'가 타고 있는 기구가 왼쪽과 오른쪽으로 '3'만큼씩 움직이다가 벽에 닿으면 반대 방향으로 움직이게 됩니다.

❸ [이벤트] 팔레트의 ▭ 명령 블록을 삽입한 다음 [제어] 팔레트의 ▭ 명령 블록을 연결합니다.

④ [제어] 팔레트의 ▨ 1 초 기다리기 명령 블록을 연결한 다음 [연산] 팔레트의 1 부터 10 사이의 난수 명령 블록을 1 초 기다리기 명령 블록에 연결하고 값을 '3', '5'로 변경합니다.

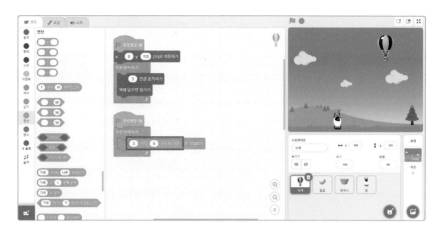

⑤ [제어] 팔레트의 ▨ 나 자신 ▼ 복제하기 명령 블록을 연결한 다음 ▼를 클릭하여 '달걀'을 선택합니다.

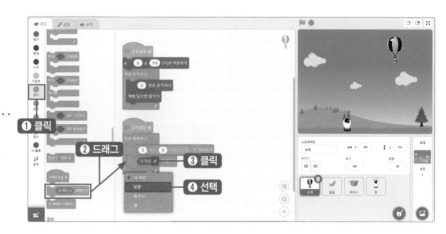

TIP 나 자신 ▼ 복제하기 를 사용하면 지정된 스프라이트를 여러 개 복제할 수 있어 스프라이트를 여러 개 만들지 않아도 됩니다.

02 ▶ **여러 개의 달걀이 나오도록 코딩하기**

① '달걀' 스프라이트를 선택한 다음 [제어] 팔레트의 복제되었을 때 명령 블록을 스크립트 영역에 드래그합니다. [형태] 팔레트의 모양을 깨진달걀 ▼ (으)로 바꾸기 명령 블록을 연결한 다음 ▼를 클릭하여 '달걀'을 선택합니다.

② [동작] 팔레트의 ▢ x ▢ 119 y ▢ -175 (으)로 이동하기 명령 블록을 연결합니다. [감지] 팔레트의 ▢ 무대 ▾ 의 배경 번호 ▾ 명령 블록을
  ▢ x ▢ 119 y ▢ -175 (으)로 이동하기 명령 블록의 'x:'에 연결한 다음 '무대▾'를 클릭하여 '늑대', 'x 좌표'를 선택합니다.

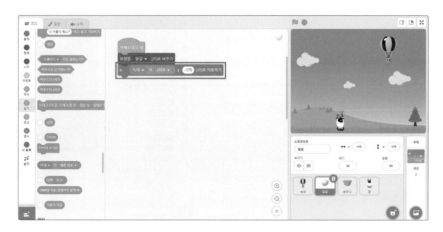

③ [연산] 팔레트의 ▢ ◯ 명령 블록을 'y:' 항목에 연결한 다음 [감지] 팔레트의 ▢ 무대 ▾ 의 배경 번호 ▾ 명령 블록을
  왼쪽에 연결하고 ▾를 클릭하여 ▢ 늑대 ▾ 의 y좌표 ▾ 로 변경한 후, 다음 값에 '35'를 입력합니다. [형태] 팔레트의
  ▢ 보이기 명령 블록을 연결합니다.

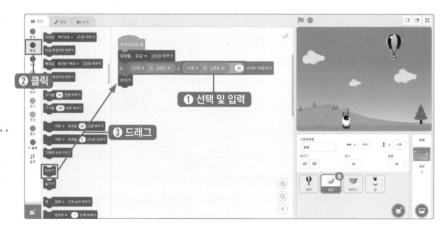

> **TIP**
> 이렇게 하면 '늑대' 스프라
> 이트의 위치에서 약간 아래
> 쪽에 '달걀' 스프라이트가
> 나타납니다.

④ [제어] 팔레트의 ▢ ────까지 반복하기 명령 블록을 연결한 다음 [감지] 팔레트의 ▢ 마우스 포인터 ▾ 에 닿았는가? 명령 블록을
  ▢ ────까지 반복하기 명령 블록에 연결합니다. 이어서, ▢ 마우스 포인터 ▾ 에 닿았는가? 명령 블록의 ▾를 클릭하여 '벽'을 선택합니다.

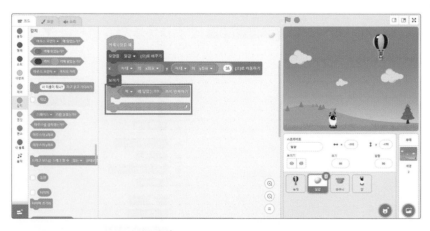

⑤ [동작] 팔레트의 [y좌표를 10 만큼 바꾸기] 명령 블록을 연결한 다음 값을 '-2'로 변경합니다.

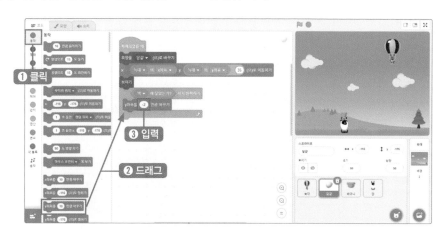

⑥ [제어] 팔레트의 [만약 ~(이)라면] 명령 블록을 연결한 다음 [감지] 팔레트의 [마우스 포인터 ▼ 에 닿았는가?] 명령 블록을 [만약 ~(이)라면] 명령 블록에 연결합니다. 이어서, [마우스 포인터 ▼ 에 닿았는가?] 명령 블록의 ▼를 클릭하여 '바구니'를 선택합니다.

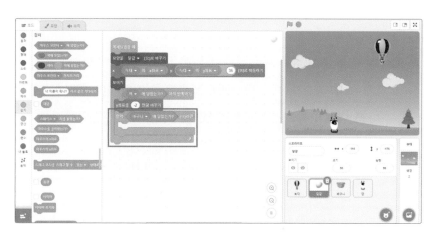

⑦ [형태] 팔레트의 [숨기기] 명령 블록을 연결한 다음 [제어] 팔레트의 [이 복제본 삭제하기] 명령 블록을 연결합니다.

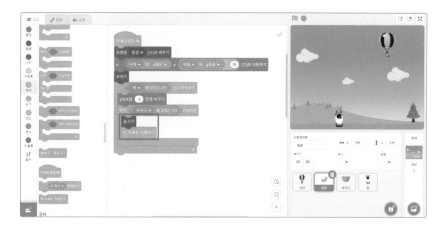

> **TIP**
> '달걀' 스프라이트가 바구니에 닿으면 '달걀' 스프라이트를 화면에서 숨긴 후, 복제된 '달걀' 스프라이트를 삭제합니다.
> [이 복제본 삭제하기] 명령 블록을 이용하여 복제된 스프라이트를 삭제하지 않으면 복제본이 많아져 프로그램이 느려지게 됩니다.

❽ [형태] 팔레트의 명령 블록을 연결한 다음 [제어] 팔레트의 명령 블록을 연결합니다. 값을 '0.3'으로 변경한 후, [형태] 팔레트의 명령 블록을 연결하고 [제어] 팔레트의 명령블록을 연결합니다.

TIP

이렇게 코딩하면 '달걀' 스프라이트가 벽에 닿으면 모양을 '깨진달걀'로 바꾼 다음 0.3초를 기다린 후, 화면에서 숨기고 복제본을 삭제합니다.

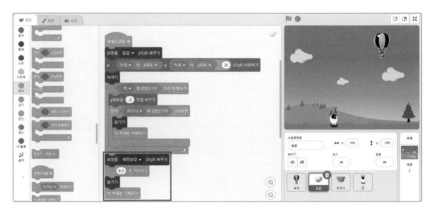

03 양을 따라다니는 바구니 코딩하기

❶ '바구니' 스프라이트를 선택한 다음 [이벤트] 팔레트의 명령 블록을 스크립트 영역에 드래그하고 [제어] 팔레트의 명령 블록을 연결합니다. [동작] 팔레트의 명령 블록을 연결한 다음 [감지] 팔레트의 명령 블록을 'x:' 항목에 연결한 다음 ▼를 클릭하여 '양', 'x 좌표'를 선택합니다.

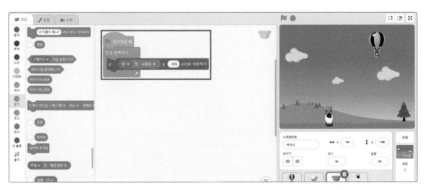

❷ [연산] 팔레트의 명령 블록을 'y:' 항목에 연결한 다음 [감지] 팔레트의 명령 블록을 왼쪽에 연결합니다. ▼를 클릭하여 로 변경한 다음 값에 '35'를 입력합니다.

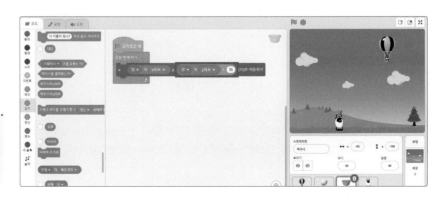

TIP

이렇게 코딩하면 바구니는 항상 '양' 스프라이트보다 '35'만큼 위쪽에 위치합니다.

04 키보드로 움직이는 '양' 스프라이트 코딩하기

❶ '양' 스프라이트를 선택한 다음 [이벤트] 팔레트의 ██ 클릭했을 때 명령 블록을 스크립트 영역에 드래그하고
[제어] 팔레트의 ██ 무한 반복하기 명령 블록을 연결합니다.

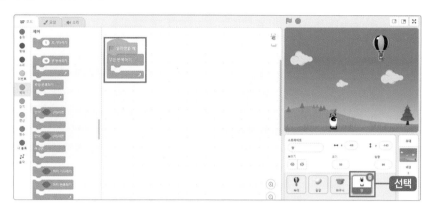

❷ [제어] 팔레트의 ██ (이)라면 명령 블록을 연결한 다음 [감지] 팔레트의 ◁◁ 스페이스 ▾ 키를 눌렀는가? 명령 블록을 연결
하고 ▼를 클릭하여 '오른쪽 화살표'를 선택합니다. [동작] 팔레트의 x좌표를 10 만큼 바꾸기 명령 블록을 연결한
다음 값을 '3'으로 변경합니다.

TIP 이렇게 코딩하면 '오른쪽
화살표(→)' 키를 누를 때
마다 오른쪽으로 3씩 이동
하게 됩니다.

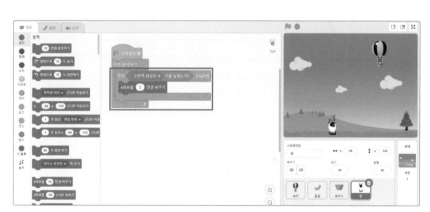

❸ [제어] 팔레트의 ██ (이)라면 명령 블록과 [감지] 팔레트의 ◁◁ 스페이스 ▾ 키를 눌렀는가? 명령 블록을 연결한 다음 ▼를
클릭하여 '왼쪽 화살표'를 선택합니다. [동작] 팔레트의 x좌표를 10 만큼 바꾸기 명령 블록을 연결한 다음 값을 '-3'
으로 변경합니다. ██를 클릭하여 프로그램을 실행합니다.

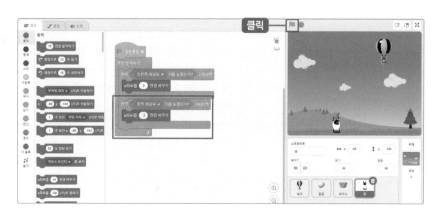

01 '늑대' 스프라이트에 다음 조건에 만족하도록 코딩해 보세요.

• 늑대가 움직이는 속도를 '5'로 바꾼다. • '2~4'초 사이의 난수를 기다린 후 '달걀' 스프라이트를 복제한다.

02 '달걀' 스프라이트에서 🔲 명령 블록을 삭제하면 어떻게 실행되는지 확인해 보세요.

> **TIP** 🔲 명령 블록은 스프라이트를 화면에서 숨기는 기능이고 🔲 명령 블록은 복제된 스프라이트를 삭제하여 화면
> 에서 삭제하는 기능입니다.

03 '양' 스프라이트를 선택해 → 키나 ← 키를 눌렀을 때 x좌표가 '5'만큼씩 이동할 수 있도록 만들어
보세요.

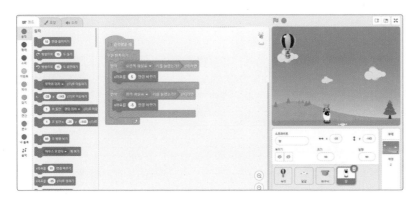

08

양궁 ❶

과녁을 왼쪽과 오른쪽으로 이동하는 방법에 대해 알아보고 점수를 계산하는
동안 과녁을 잠시 멈추는 방법에 대해서도 알아보겠습니다.

학습목표

• 변수를 만들어 활용할 수 있습니다.
• 스프라이트를 왼쪽과 오른쪽으로 움직이다가 잠시 멈출 수 있습니다.

¤ **예제 파일 :** 양궁게임.sb3   ¤ **완성 파일 :** 양궁게임(완성).sb3
¤ **사용 방법 :** 좌우를 움직이는 과녁을 향하여 Space Bar 키를 눌러 화살을 쏘는 게임입니다.

❶ [무대]를 선택한 다음 [이벤트] 팔레트의  명령 블록을 스크립트 영역에 드래그합니다. 변수를 만들기 위해 [변수] 팔레트의 ［변수 만들기］ 명령 블록 단추를 클릭합니다. [새로운 변수] 대화상자가 나타나면 변수 이름에 '점수'를 입력한 후 [확인]을 클릭합니다.

❷ 게임이 시작되면 점수 변수의 값을 '0'으로 만들기 위해 [변수] 팔레트의  명령 블록을 연결합니다. [이벤트] 팔레트의 명령 블록을 연결한 다음 ▼를 클릭하여 '새로운 메시지'를 선택합니다.

❸ [새로운 메시지] 대화상자가 나타나면 '준비'를 입력한 후 [확인]을 클릭합니다.

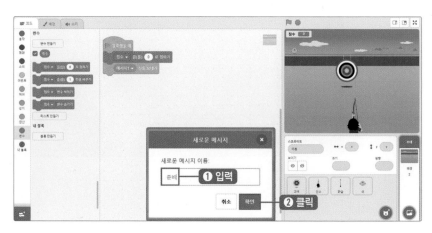

❹ [이벤트] 팔레트의 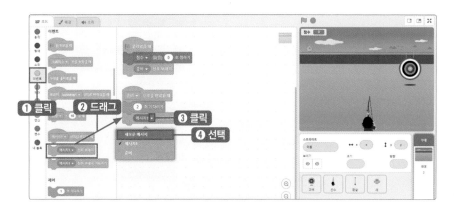 명령 블록을 삽입한 다음 ▼를 클릭하여 '준비'를 선택합니다. [제어] 팔레트의 ⬜⬜ 명령 블록을 연결한 다음 값을 '2'로 변경합니다. [이벤트] 팔레트의 ⬜⬜ 명령 블록을 연결한 다음 ▼를 클릭하여 '새로운 메시지'를 선택합니다.

❺ [새로운 메시지] 대화상자가 나타나면 '과녁움직이기'를 입력한 후 [확인]을 클릭합니다.

02 ▸ 과녁을 왼쪽과 오른쪽으로 움직이기

❶ '과녁' 스프라이트를 선택한 다음 [이벤트] 팔레트의 ⬜⬜ 명령 블록을 스크립트 영역에 드래그하고 [제어] 팔레트의 ⬜⬜ 명령 블록을 연결합니다.

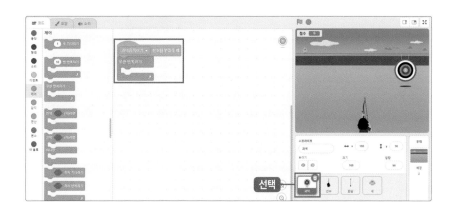

❷ [동작] 팔레트의 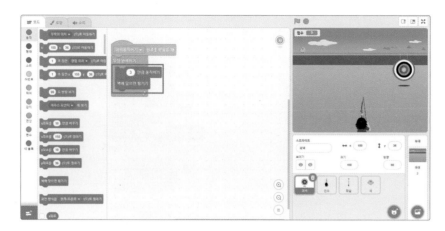 명령 블록을 연결한 다음 값을 '3'으로 변경합니다. 이어서, 명령 블록을 연결합니다.

❸ [이벤트] 팔레트의 명령 블록을 삽입한 다음 ▼를 클릭하여 '새로운 메시지'를 선택합니다. [새로운 메시지] 대화상자가 나타나면 '점수계산'을 입력한 후 [확인]을 클릭합니다.

❹ [제어] 팔레트의 명령 블록을 연결한 다음 ▼를 클릭하여 '이 스프라이트에 있는 다른 스크립트'를 선택합니다.

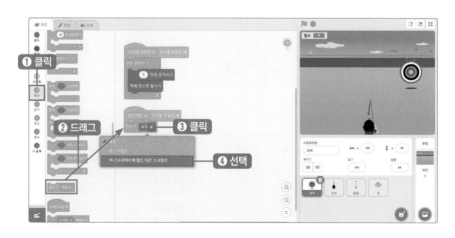

TIP 이렇게 코딩하면 '점수계산' 메시지를 받으면 과녁이 움직이지 않고 멈춰있게 됩니다.

03 ▸ 선수 모양 바꾸기

❶ '선수' 스프라이트를 선택한 다음 [이벤트] 팔레트의 █████ ████████ 명령 블록을 스크립트 영역에 드래그한 다음 ▼를 클릭하여 '준비'를 선택합니다. [제어] 팔레트의 █ ██████ 명령 블록을 연결한 후 '2'로 변경합니다.

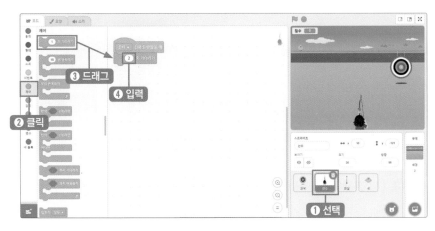

❷ [형태] 팔레트의 ████ ████ ████ 명령 블록을 연결한 다음 ▼를 클릭하여 '모양1'을 선택하고 [제어] 팔레트의 ██████ 명령 블록을 연결합니다.

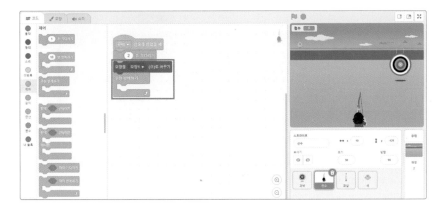

❸ [제어] 팔레트의 ████ ████ 명령 블록을 ████ ██████ 명령 블록안에 연결하고 [감지] 팔레트의 ████ ████████ 명령 블록을 연결합니다.

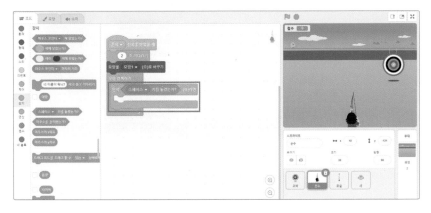

❹ [제어] 팔레트의 [1 초 기다리기] 명령 블록을 연결한 다음 값을 '0.3'으로 변경하고 [형태] 팔레트의 [모양을 모양2 ▾ (으)로 바꾸기] 명령 블록을 연결합니다. [이벤트] 팔레트의 [과녁중작어가 ▾ 신호 보내기] 명령 블록을 연결한 다음 ▼를 클릭하여 '새로운 메시지'를 선택합니다.

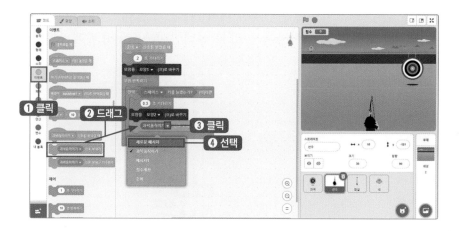

❺ [새로운 메시지] 대화상자가 나타나면 '화살쏘기'를 입력한 다음 [확인]을 클릭합니다.

❻ [제어] 팔레트의 [1 초 기다리기] 명령 블록을 연결한 다음 값을 '0.3'으로 변경하고, [형태] 팔레트의 [모양을 모양2 ▾ (으)로 바꾸기] 명령 블록을 연결한 다음 ▼를 클릭하여 '모양1'을 선택합니다.

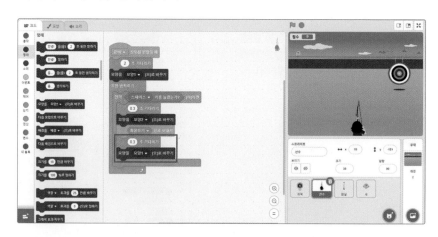

CHAPTER 08

연습 문제

01 '새' 스프라이트에 [복제하기 ▾ 신호를 받았을 때] 스크립트를 추가한 후 다음 조건을 만족하도록 코딩해 보세요.

- [x -206 y 105 (으)로 이동하기] 명령 블록을 이용해 '새' 스프라이트의 위치를 지정한다.
- 다음 명령을 5번 반복한다.
- y 좌표를 '5'만큼 바꾼다.
- 다음 모양으로 바꾼다.
- '0.1'초 기다린다.
- 다음 명령을 5번 반복한다.
- y 좌표를 '-5'만큼 바꾼다.
- 다음 모양으로 바꾼다.
- '0.1'초 기다린다.

02 Space Bar 키를 눌러 화살을 쏘면 '새' 스프라이트가 어떻게 실행되는지 살펴보세요.

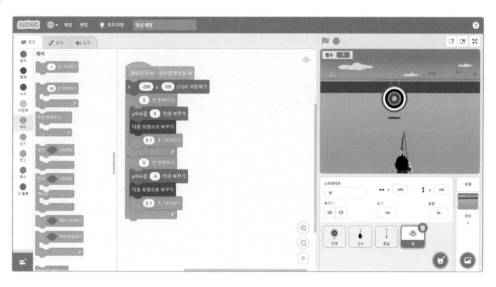

양궁 ❷

화살을 쏘는 방법과 화살이 날아가다가 과녁에 맞았을 때 점수를 확인하는 방법에 대해 알아보고 점수를 계산하여 이전 점수와 계속해서 합치는 방법에 대해 알아보겠습니다.

학습목표

• 변수를 만들어 활용할 수 있습니다.
• 스프라이트가 특정 색상에 닿았는지 확인할 수 있습니다.

¤ **예제 파일 :** 양궁게임.sb3 ¤ **완성 파일 :** 양궁게임(완성).sb3

¤ **사용 방법 :** 좌우를 움직이는 과녁을 향하여 Space Bar 키를 눌러 화살을 쏘면 과녁 색상에 따라 점수가 계산되는 게임입니다.

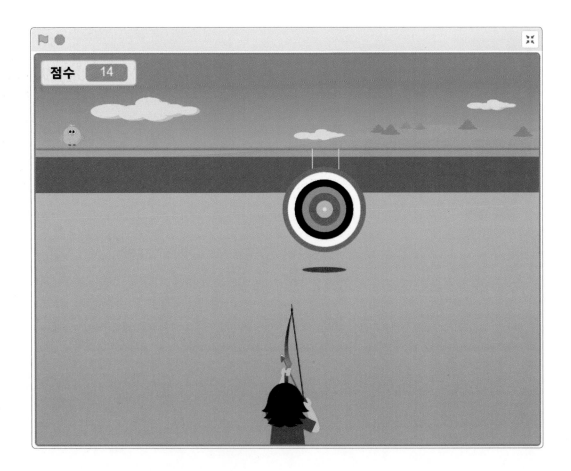

01 ▸ 화살 움직이기

❶ '화살' 스프라이트를 선택하고 [이벤트] 팔레트의 공석 송식하기 신호를 받았을 때 명령 블록을 삽입한 다음 ▼를 클릭하여 '화살쏘기'를 선택합니다. [동작] 팔레트의 x: 0 y: 0 (으)로 이동하기 명령 블록을 연결한 다음 [감지] 팔레트의 무대 ▾ 의 배경 번호 ▾ 명령 블록을 그림과 같이 'x:'와 'y:'에 연결하고 변경합니다.

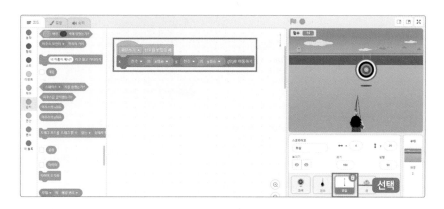

❷ [형태] 팔레트의 보이기 명령 블록을 연결한 다음 [제어] 팔레트의 10 번 반복하기 명령 블록을 연결해 값을 '9'로 변경합니다. [동작] 팔레트의 y좌표를 10 만큼 바꾸기 명령 블록을 연결한 다음 값을 '15'로 변경합니다.

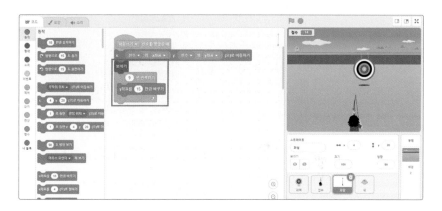

❸ [제어] 팔레트의 만약 ～ (이)라면 명령 블록을 연결한 후, [감지] 팔레트의 마우스 포인터 ▾ 에 닿았는가? 명령 블록을 연결한 다음 ▼를 클릭하여 '과녁'을 선택합니다.

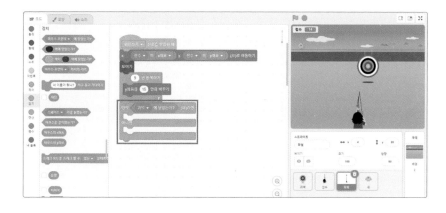

❹ [이벤트] 팔레트의 ▨▨▨▨▨ 명령 블록을 연결한 다음 ▼를 클릭하여 '점수계산'을 선택합니다.

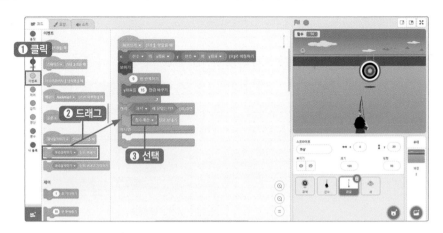

❺ [제어] 팔레트의 ▨▨▨ 명령 블록을 연결한 다음 [감지] 팔레트의 ◁ 마우스 포인터 ▼ 에 닿았는가? ▷ 명령 블록을 연결합니다. ▼를 클릭하여 '벽'을 선택한 다음 [동작] 팔레트의 ▨y좌표를 10 만큼 바꾸기▨ 명령 블록을 연결하고 값을 '15'로 변경하고 [형태] 팔레트의 ▨숨기기▨ 명령 블록을 연결합니다.

TIP
이렇게 코딩하여 '화살쏘기'를 받으면 '화살' 스프라이트를 선수의 위치에서 15만큼씩 9번 반복하여 움직인후 과녁에 닿았는지 확인합니다. 이때 과녁에 닿았다면점수를 계산하고, 그렇지 않다면 벽에 닿을 때까지 계속해서 움직이게 됩니다.

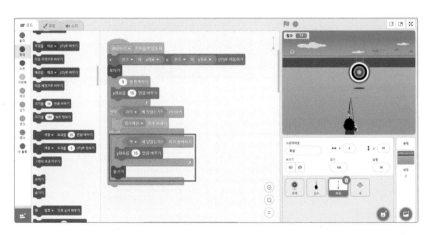

02 ▶ 준비를 받았을 때 화살 숨기기

❶ [이벤트] 팔레트의 ▨▨▨▨ 명령 블록을 삽입한 다음 ▼를 클릭하여 '준비'를 선택합니다.

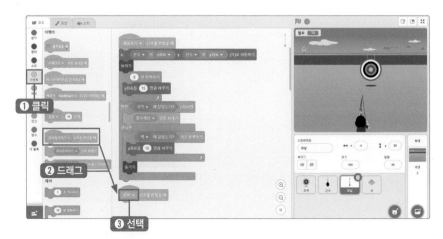

❷ [제어] 팔레트의 1 초 기다리기 명령 블록을 연결한 다음 값을 '0.5'로 변경하고, [형태] 팔레트의 숨기기 명령 블록을 연결합니다.

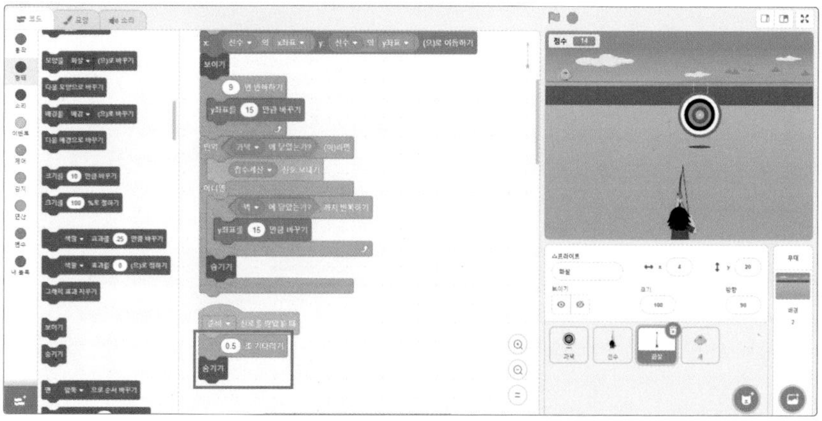

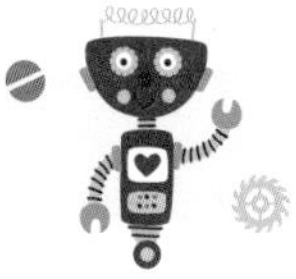

03 점수 계산하기

❶ [이벤트] 팔레트의 과녁움직이기 ▾ 신호를 받았을 때 명령 블록을 삽입한 다음 ▼를 클릭하여 '점수계산'을 선택합니다. [제어] 팔레트의 멈추기 모두 ▾ 명령 블록을 연결하고 ▼를 클릭하여 '이 스프라이트에 있는 다른 스크립트'를 선택합니다.

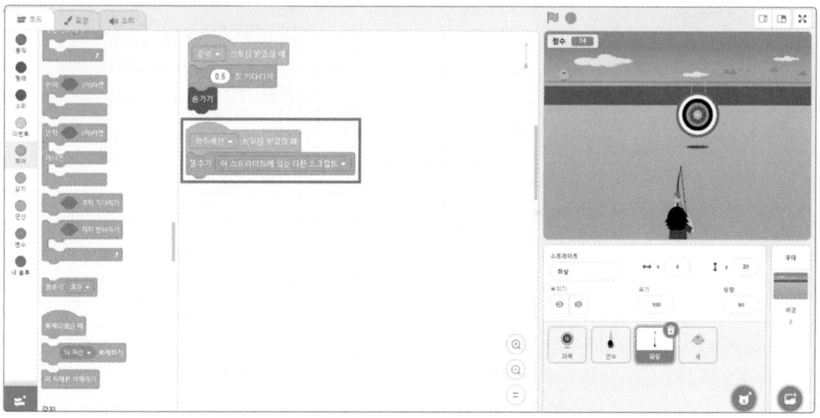

❷ [제어] 팔레트의 만약 (이)라면 명령 블록을 연결한 다음 [감지] 팔레트의 색에 닿았는가? 명령 블록을 연결합니다.

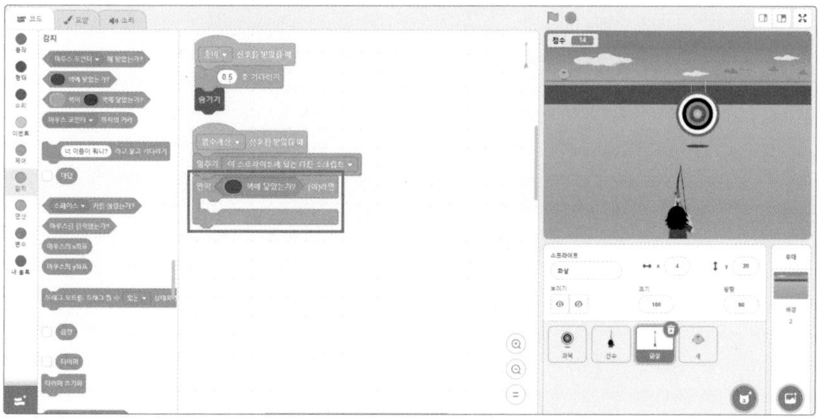

③ 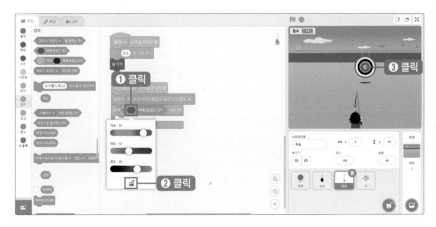 명령 블록의 ● 를 클릭한 다음 스포이드를 클릭합니다. 과녁의 가운데 노란색을 클릭하여
색을 선택합니다.

④ [변수] 팔레트의 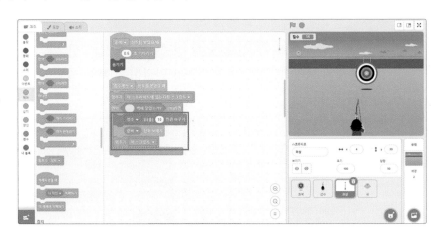 명령 블록을 연결한 다음 값을 '10'으로 변경합니다. [이벤트] 팔레트의
    명령 블록을 연결한 다음 ▼를 클릭하여 '준비'를 선택하고 [제어] 팔레트의 명령
블록을 연결한 다음 ▼를 클릭하여 '이 스크립트'를 선택합니다.

TIP
이렇게 코딩하면 화살이
과녁의 가운데인 노란색에
닿으면 점수를 10점 올린 후
'준비'를 방송하고 '점수계
산' 스프라이트의 다른 명령
은 실행하지 않게 됩니다.

⑤ 동일한 방법으로 과녁의 다른 색(6개)도 클릭하여 점수를 변경하는 명령 블록을 작성하고 ▶ 를 클릭
하여 프로그램을 실행합니다.

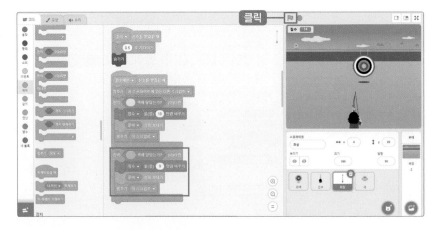
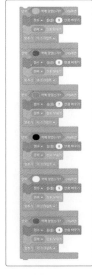

01 [무대]를 선택한 후 다음 조건을 만족하도록 코딩해 보세요.

- '남은화살' 변수를 만든다.
- 게임이 시작되면 '남은화살' 변수의 값을 '10'으로 초기화한다.

02 [무대]에 '화살쏘기'를 받을 때마다 '남은화살' 변수의 값을 '1'씩 줄이도록 코딩해 보세요.

03 남은 화살이 '0'이면 '1'초를 기다린 다음 게임을 종료하도록 코딩해 보세요.

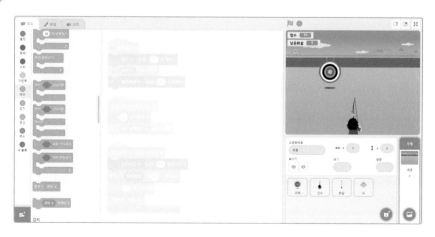

두더지잡기 ❶

두더지잡기는 숨어있는 두더지를 망치로 때리는 게임입니다. 게임 시간을 카운트하여 일정 시간이 지나면 게임이 멈추고 마우스를 클릭했을 때 망치가 왼쪽으로 90도 회전한 후 다시 돌아오도록 코딩해 보겠습니다.

학습목표 ....

• 마우스를 클릭하면 스프라이트를 회전할 수 있습니다.

• 변수를 만들어 시간을 카운트할 수 있습니다.

¤ **예제 파일** : 두더지잡기.sb3   ¤ **완성 파일** : 두더지잡기(완성).sb3

¤ **사용 방법** : 땅 속에서 두더지가 올라오면 마우스(망치)를 드래그하여 두더지를 때리는(클릭) 게임입니다.

01 ▸ 게임 준비하기

❶ [무대]를 선택한 다음 [이벤트] 팔레트의 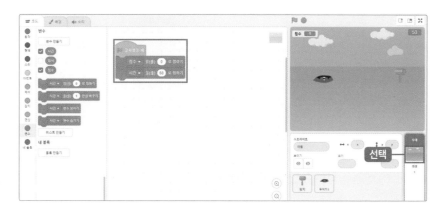 명령 블록을 삽입합니다. [변수] 팔레트의 명령 블록을 연결한 다음 ▼를 클릭하여 '점수'를 선택합니다. 이어서, 명령 블록을 한번 더 연결하고 값에 '60'을 입력합니다.

❷ [이벤트] 팔레트의 명령 블록을 연결한 다음 ▼를 클릭하여 '새로운 메시지'를 선택합니다. [새로운 메시지] 대화상자가 나타나면 '확인'을 입력한 후 [확인]을 클릭합니다.

> **TIP** 명령 블록은 두더지가 올라왔을 때 망치에 맞았는지 확인하기 위해 사용할 스크립트입니다.

❸ [제어] 팔레트의 명령 블록을 연결합니다. [연산] 팔레트의 명령 블록을 연결한 다음 [변수] 팔레트의 명령 블록을 왼쪽에 연결한 다음 오른쪽에 '0'을 입력합니다.

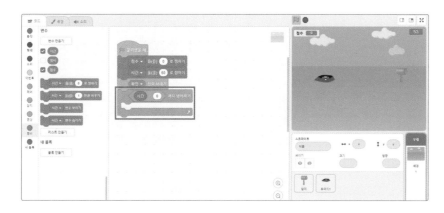

④ [제어] 팔레트의 을 연결합니다. [변수] 팔레트의 ![](시간 ▼ 을(를) 1 만큼 바꾸기)을 연결한 다음 값을 '-1'로 변경하고 [제어] 팔레트의 을 연결합니다.

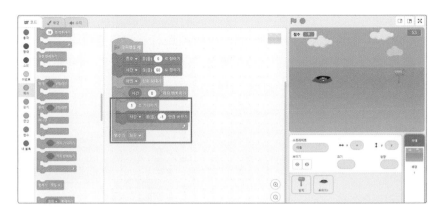

02 ▸ 마우스를 따라다니는 망치

① '망치' 스프라이트를 선택하고 [이벤트] 팔레트의 을 스크립트 영역에 드래그한 후 [형태] 팔레트의 을 연결한 다음 값을 '80'으로 변경합니다. 이어서, [제어] 팔레트의 을 연결합니다.

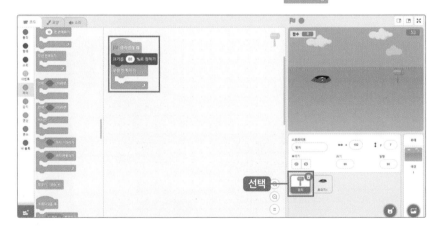

② [형태] 팔레트의 과 [동작] 팔레트의 ![](무작위 위치 ▼ (으)로 이동하기)을 안에 연결한 다음 ▼를 클릭하여 '마우스 포인터'를 선택합니다.

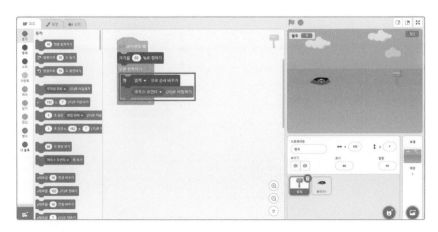

❸ [이벤트] 팔레트의 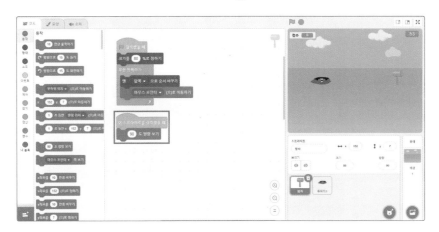 명령 블록을 삽입한 다음 [동작] 팔레트의 █90 도 방향 보기█ 명령 블록을 연결합니다.

❹ [제어] 팔레트의 █10 번 반복하기█ 명령 블록을 연결한 다음 값을 '4'로 변경하고 [동작] 팔레트의 █방향으로 15 도 회전하기█

명령 블록을 연결합니다.

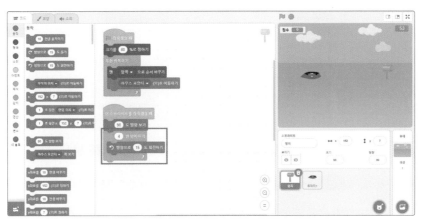

❺ [제어] 팔레트의 █10 번 반복하기█ 명령 블록을 연결한 다음 값을 '4'로 변경하고 [동작] 팔레트의 █방향으로 15 도 돌기█

명령 블록을 연결합니다.

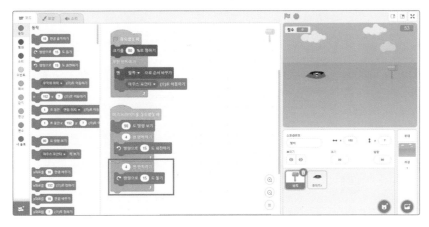

01 [무대]를 선택해 다음 조건을 만족하도록 코딩해 보세요.

- 명령 블록을 이용하여 점수가 '100'점을 초과하면 모두 멈추며 게임을 종료한다.

02 [무대]를 선택해 다음 조건을 만족하도록 코딩해 보세요.

- 명령 블록을 이용하여 점수가 '50'점이 되면 시간을 '10'초 늘린다.
- 이 스크립트를 멈춰 시간 늘리기를 한 번만 할 수 있도록 한다.

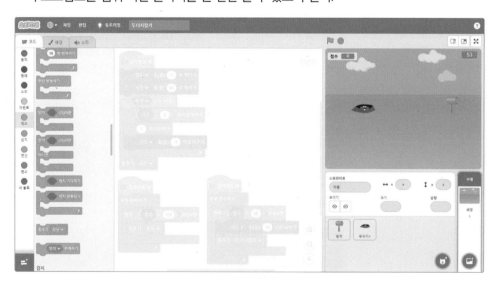

CHAPTER

11

두더지잡기 ❷

완성된 '두더지' 스프라이트를 복제한 후 시작 위치를 바꿔줍니다. '두더지' 스프라이트는 시작하는 위치만 다르고 같은 명령으로 구성되어 있으므로 먼저 하나의 '두더지' 스프라이트를 코딩해 보겠습니다.

학습목표

• 스프라이트를 복제할 수 있습니다.
• 일정 시간동안 모양을 바꿀 수 있습니다.
• 모양을 바꿨을 때 다른 스프라이트와 닿았는지 확인할 수 있습니다.

¤ **예제 파일** : 두더지잡기.sb3 ¤ **완성 파일** : 두더지잡기(완성).sb3

¤ **사용 방법** : 땅 속에서 두더지가 올라오면 마우스(망치)를 드래그하여 두더지를 때리는(클릭) 게임입니다.

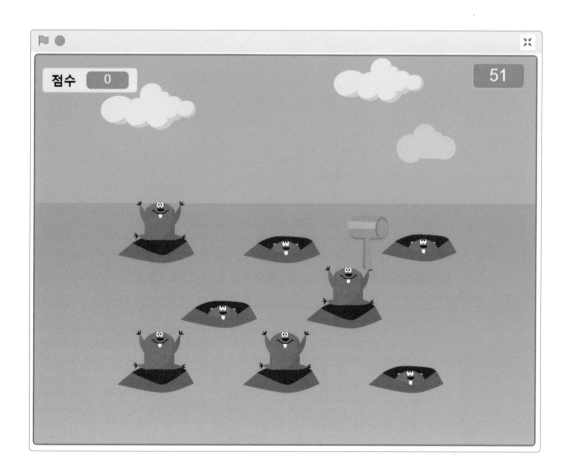

뛰어오르는 두더지 만들기

❶ '두더지' 스프라이트를 선택한 다음 [이벤트] 팔레트의 [클릭했을 때] 를 스크립트 영역에 드래그합니다. 이어서, [동작] 팔레트의 [x: -120 y: 0 (으)로 이동하기] 를 연결하고 [형태] 팔레트의 [모양을 모양3 ▼ (으)로 바꾸기] 를 연결한 다음 ▼를 클릭하여 '모양1'로 변경합니다.

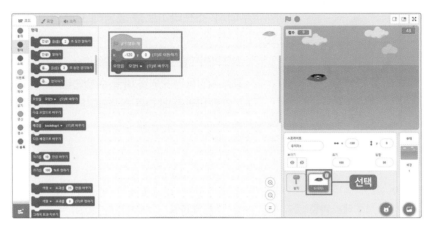

❷ [제어] 팔레트의 [무한 반복하기] 과 [1 초 기다리기] 를 연결합니다. 이어서, [연산] 팔레트의 [1 부터 10 사이의 난수] 를 연결한 다음 값을 '0.5', '5'로 변경합니다.

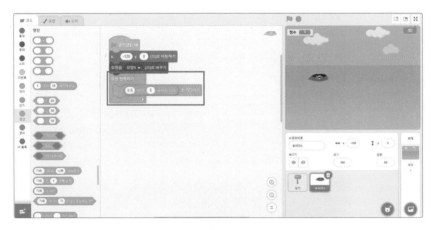

❸ [형태] 팔레트의 [모양을 모양3 ▼ (으)로 바꾸기] 를 연결한 다음 ▼를 클릭하여 '모양2'로 변경하고, [제어] 팔레트의 [1 초 기다리기] 를 연결합니다. [형태] 팔레트의 [모양을 모양3 ▼ (으)로 바꾸기] 를 연결한 다음 ▼를 클릭하여 '모양1'로 변경합니다.

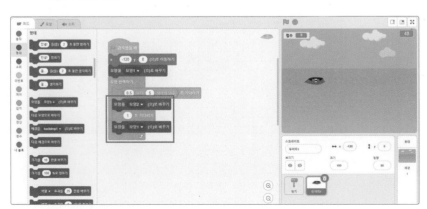

02 ▶ 두더지가 망치에 맞았는지 확인하기

❶ [이벤트] 팔레트의 ▨▨▨▨ 를 삽입하고 [제어] 팔레트의 ▨▨▨▨ 를 연결한 다음 ▨▨▨▨ 을 연결합니다. 이어서, [감지] 팔레트의 ▨마우스를 클릭했는가?▨ 를 연결합니다.

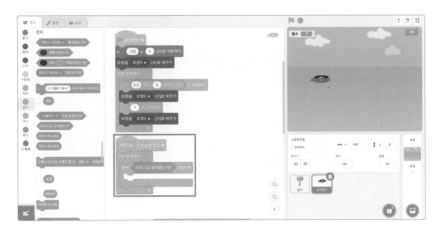

❷ [제어] 팔레트의 ▨▨▨▨ 을 연결합니다. [연산] 팔레트의 ▨▨▨ 그리고 ▨▨▨ 를 연결한 다음 ▨ 50 ▨ 을 ▨▨▨ 그리고 ▨▨▨ 의 왼쪽에 연결합니다.

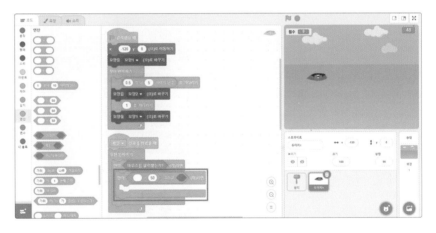

❸ [형태] 팔레트의 ▨모양 번호 ▼▨ 를 ▨ 50 ▨ 의 왼쪽에 연결한 다음 값에 '2'를 입력합니다. [감지] 팔레트의 ▨마우스 포인터 ▼ 에 물었는가?▨ 를 ▨▨▨ 그리고 ▨▨▨ 의 오른쪽에 연결한 다음 ▼를 클릭하여 '망치'를 선택합니다.

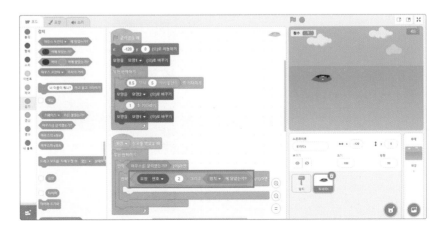

④ [변수] 팔레트의 명령 블록을 연결한 다음 ▼를 클릭하여 '점수'로 변경합니다. [형태] 팔레트의 명령 블록을 연결합니다. [제어] 팔레트의 명령 블록을 연결한 다음 값을 '0.5'로 변경하고 [형태] 팔레트의 명령 블록을 연결한 다음 ▼를 클릭하여 '모양1'을 선택합니다.

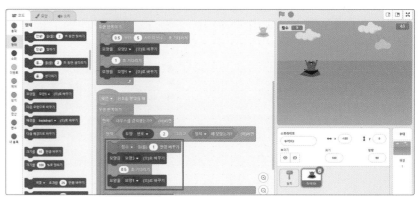

03 스프라이트 복사하기

① 스프라이트 영역의 '두더지1' 스프라이트에 마우스 오른쪽 단추를 클릭해 [복사]를 선택합니다.

② '두더지1' 스프라이트가 복사되면 '두더지2'라는 새로운 스프라이트가 생성됩니다. 동일한 방법으로 복사하여 '두더지8' 스프라이트까지 생성합니다.

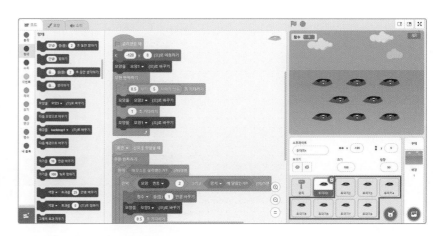

❸ '두더지2' 스프라이트를 선택하여  명령 블록의 값을 '0', '0'으로 변경합니다.

❹ '두더지3' 스프라이트를 선택하여 x -120 y 0 (으)로 이동하기 명령 블록의 값을 '120', '0'으로 변경합니다.

❺ 동일한 방법으로 '두더지4'~'두더지8' 스프라이트의 위치를 아래 표를 참고하여 지정합니다. ▶️를 클릭하여 프로그램을 실행하면 스프라이트가 지정된 위치로 이동합니다.

스프라이트 이름	위치	스프라이트 이름	위치
두더지4	x:-60, y:-60	두더지7	x:0, y:-120
두더지5	x:60, y:-60	두더지8	x:120, y:-120
두더지6	x:-120, y:-120		

01 '두더지' 스프라이트가 숨어있는 시간(모양1)과 튀어오르는 시간(모양2)을 다음 조건에 맞추어 코딩해 보세요.

스프라이트 이름	숨어있는 시간(모양1)	튀어오르는 시간(모양2)
두더지1	0.5~3초 사이의 난수	0.5~3초 사이의 난수
두더지2	1.5~4초 사이의 난수	1.5~2초 사이의 난수
두더지3	1~3초 사이의 난수	1~2.5초 사이의 난수
두더지4	0.5~3초 사이의 난수	0.5~3초 사이의 난수
두더지5	1.5~4초 사이의 난수	1.5~2초 사이의 난수
두더지6	1~3초 사이의 난수	1~2.5초 사이의 난수
두더지7	0.5~3초 사이의 난수	0.5~3초 사이의 난수
두더지8	1.5~4초 사이의 난수	1.5~2초 사이의 난수

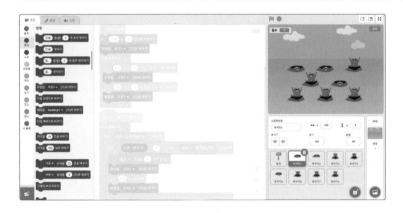

02 '망치' 스프라이트의 스크립트를 다음 조건대로 코딩해 보세요.

- 왼쪽으로 '30도' 돌기를 3번 반복한다. - 오른쪽으로 '30도' 돌기를 3번 반복한다.

TIP 왼쪽으로 15도 돌기를 4번 반복하는 것과 왼쪽으로 30도를 3번 반복하는 것은 왼쪽으로 90도 회전하는 것은 같지만 반복 횟수가 적은 것이 빠르게 회전하는 것처럼 보입니다.

CHAPTER

12

늑대와 풍선 ❶

'늑대' 스프라이트가 좌우로 움직이도록 코딩하고 풍선이 터지면 '병아리' 스프라이트가 땅으로 떨어져 걸어가도록 코딩해 보겠습니다.

학습목표 ···

- '병아리' 스프라이트가 '풍선' 스프라이트를 따라 다니도록 코딩할 수 있습니다.
- '풍선' 스프라이트가 터지면 '병아리' 스프라이트가 땅으로 떨어져 오른쪽으로 걸어가도록 코딩할 수 있습니다.

¤ **예제 파일 :** 늑대와풍선.sb3   ¤ **완성 파일 :** 늑대와풍선(완성).sb3

¤ **사용 방법 :** 양을 위/아래(방향키)로 움직이면서 화살을 쏴(Space Bar) 풍선을 맞추는 게임입니다.

❶ '늑대' 스프라이트를 선택한 다음 [이벤트] 팔레트의 ▭ 명령 블록을 스크립트 영역에 드래그합 니다. [제어] 팔레트의 ▭ 명령 블록을 연결한 다음 ▭ 초 기다리기 명령 블록을 연결하고 값을 '0.3'으로 변경합니다.

❷ [형태] 팔레트의 다음 모양으로 바꾸기 명령 블록을 연결한 다음 [동작] 팔레트의 ▭ 10 만큼 움직이기 명령 블록과 ▭ 벽에 닿으면 튕기기 명령 블록을 연결합니다.

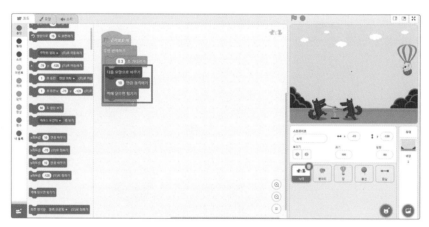

❸ '병아리' 스프라이트를 선택한 다음 [이벤트] 팔레트의 ▭ 명령 블록을 스크립트 영역에 드래그하고 [형태] 팔레트의 숨기기 명령 블록을 연결합니다.

❹ [이벤트] 팔레트의  명령 블록을 삽입한 다음 ▼를 클릭하여 '새로운 메시지'를 선택합니다. [새로운 메시지] 대화상자가 나타나면 '병아리숨기기'를 입력하고 [확인]을 클릭합니다.

❺ [제어] 팔레트의 명령 블록을 연결한 다음 ▼를 클릭하여 '이 스프라이트에 있는 다른 스크립트'를 선택합니다. 이어서, [형태] 팔레트의 명령 블록을 연결합니다.

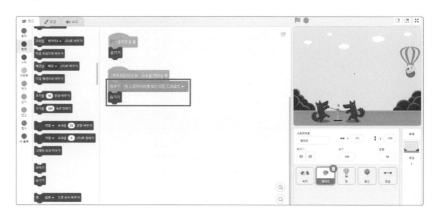

02 풍선을 따라 하늘로 올라가기

❶ [이벤트] 팔레트의 명령 블록을 삽입한 다음 ▼를 클릭하여 '새로운 메시지'를 선택합니다. [새로운 메시지] 대화상자가 나타나면 '병아리보이기'를 입력하고 [확인]을 클릭합니다. 이어서, [형태] 팔레트의 명령 블록을 연결합니다.

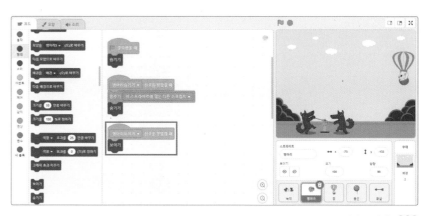

❷ [제어] 팔레트의 을 연결하고 [동작] 팔레트의 을 연결합니다. 이어서, [감지] 팔레트의 을 'x:'에 연결하고 '무대▼'를 클릭하여 '풍선'을 선택합니다.

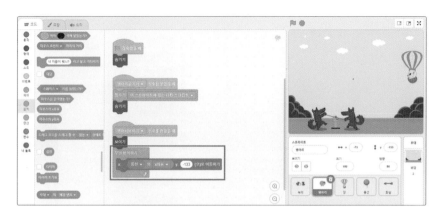

❸ [연산] 팔레트의 ⬤⬤을 'y:'에 연결한 다음 ⬤⬤의 왼쪽에 [감지] 팔레트의 을 연결합니다. 이어서, ▼를 클릭하여 '풍선'과 'y좌표'를 선택하고 값에 '30'을 입력합니다.

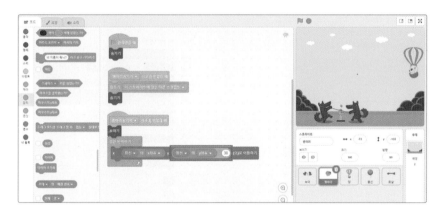

03 풍선이 터지면 떨어지는 병아리 코딩하기

❶ [이벤트] 팔레트의 을 삽입한 다음 ▼를 클릭하여 '새로운 메시지'를 선택하고 [새로운 메시지] 대화상자가 나타나면 '풍선터지기'를 입력하고 [확인]을 클릭합니다. [제어] 팔레트의 을 연결한 다음 ▼를 클릭하여 '이 스프라이트에 있는 다른 스크립트'를 선택합니다.

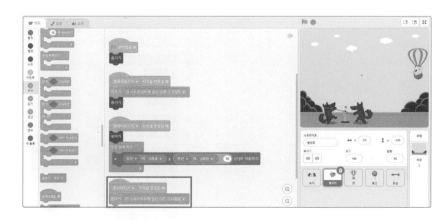

❷ [제어] 팔레트의 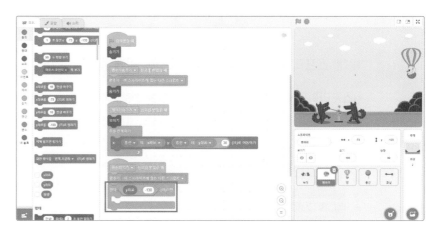 명령 블록을 연결한 다음 [연산] 팔레트의 명령 블록을 연결합니다. [동작] 팔레트의 y좌표 명령 블록을 명령 블록의 왼쪽에 연결하고 오른쪽에 '-130'을 입력합니다.

❸ [동작] 팔레트의 명령 블록을 연결한 다음 값에 '-10'으로 변경합니다. [제어] 팔레트의 명령 블록을 연결한 후, [감지] 팔레트의 명령 블록을 연결한 다음 ▼를 클릭하여 '벽'을 선택합니다.

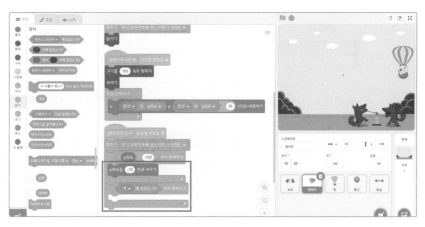

❹ [제어] 팔레트의 명령 블록을 연결한 다음 값을 '0.1'로 변경합니다. [동작] 팔레트의 명령 블록을 연결한 다음 값을 '20'으로 변경하고 [형태] 팔레트의 다음 모양으로 바꾸기 명령 블록을 연결한 후, 숨기기 명령 블록을 연결합니다.

01 '늑대' 스프라이트를 선택해 다음 조건에 맞게 변경하고 어떻게 실행되는지 확인해 보세요.

- 스프라이트 영역에서 '늑대' 스프라이트를 선택한다.
- ⚑를 클릭해 늑대가 어떻게 회전하는지 살펴본다.

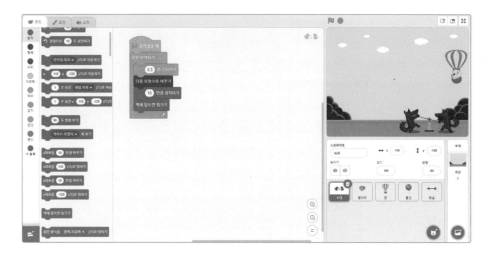

02 '병아리' 스프라이트에 다음 조건에 맞게 변경해 보세요.

- 스크립트에 명령 블록을 추가한다.
- 스크립트에 명령 블록을 추가한다.
  (하늘에서 떨어지는 부분에 추가)

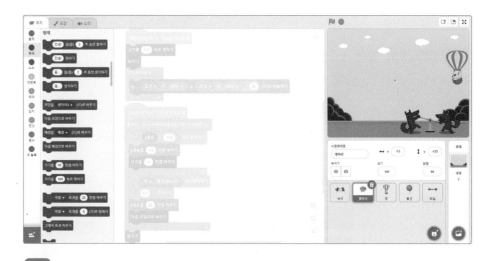

TIP 이렇게 코딩하면 '병아리' 스프라이트가 떨어지면서 크키가 커지게 됩니다.

늑대와 풍선 ❷

키보드의 방향키를 누를 때마다 '양' 스프라이트가 위/아래로 움직이는 방법에 대해 알아보고, Space Bar 키를 누르면 '화살' 스프라이트가 왼쪽으로 날아가도록 코딩해 보겠습니다.

학습목표

• 키보드의 방향키를 눌러 스프라이트를 위/아래로 움직일 수 있습니다.
• 스프라이트의 크기를 변경할 수 있습니다.

¤ **예제 파일 :** 늑대와풍선.sb3   ¤ **완성 파일 :** 늑대와풍선(완성).sb3

¤ **사용 방법 :** 양을 위/아래(방향키)로 움직이면서 화살을 쏴(Space Bar) 풍선을 맞추는 게임입니다

❶ '양' 스프라이트를 선택한 후 [이벤트] 팔레트의 명령 블록을 스크립트 영역에 드래그합니다. [제어] 팔레트의 명령 블록과 명령 블록을 연결한 다음 [감지] 팔레트의 명령 블록을 연결한 다음 ▼를 클릭하여 '위쪽 화살표'를 선택합니다.

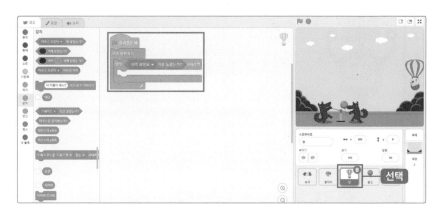

❷ [제어] 팔레트의 명령 블록을 연결하고 [연산] 팔레트의 명령 블록을 연결합니다. [동작] 팔레트의 명령 블록을 명령 블록의 왼쪽에 연결하고 오른쪽에 '110'을 입력한 후 [동작] 팔레트의 명령 블록을 연결한 다음 값을 '5'로 변경합니다.

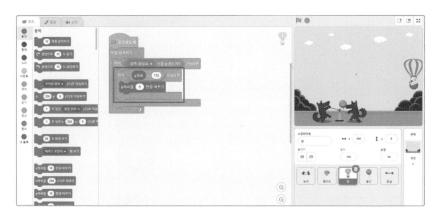

❸ [제어] 팔레트의 명령 블록을 연결한 다음 [감지] 팔레트의 명령 블록을 연결합니다. 이어서 ▼를 클릭하여 '아래쪽 화살표'를 선택합니다.

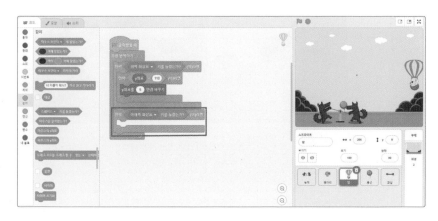

④ [제어] 팔레트의 명령 블록을 연결하고 [연산] 팔레트의 명령 블록을 연결합니다. [동작] 팔레트의 명령 블록을 명령 블록의 오른쪽에 연결하고 왼쪽에 '-50'을 입력합니다. 이어서, [동작] 팔레트의 명령 블록을 연결한 다음 값을 '-5'로 변경합니다.

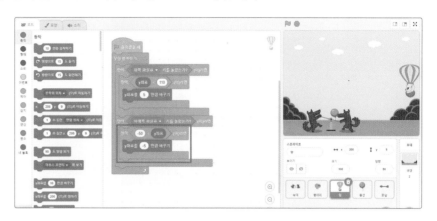

⑤ [이벤트] 명령 블록을 스크립트 영역에 드래그한 다음 명령 블록을 연결하고 ▼를 클릭하여 '새로운 메시지'를 선택합니다. [새로운 메시지] 대화상자가 나타나면 '화살쏘기'를 입력하고 [확인]을 클릭합니다.

02 풍선 코딩하기

① '풍선' 스프라이트를 선택하고 [이벤트] 팔레트의 명령 블록을 스크립트 영역에 드래 그하고 [형태] 팔레트의 명령 블록을 연결한 다음 [제어] 팔레트의 명령 블록 을 연결합니다.

② [제어] 팔레트의 명령 블록을 연결합니다. [감지] 팔레트의 명령 블록을 연결한 다음 ▼를 클릭하여 '화살'을 선택합니다.

❸ [제어] 팔레트의 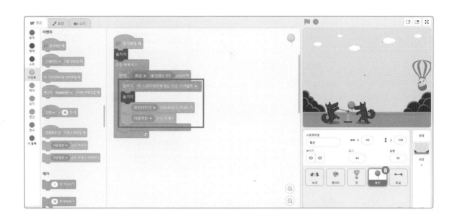를 연결한 다음 ▼를 클릭하여 '이 스프라이트에 있는 다른 스크립트'를 선택합니다. [형태] 팔레트의 ▨▨▨을 연결한 다음 [이벤트] 팔레트의 ▨▨▨▨를 연결합니다. ▼를 클릭하여 '풍선터지기'를 선택합니다. ▨▨▨▨를 연결한 다음 ▼를 클릭하여 '새로운 메시지'를 선택합니다. [새로운 메시지] 대화상자가 나타나면 '다음풍선'을 입력하고 [확인]을 클릭합니다.

❹ [이벤트] 팔레트의 ▨▨▨▨를 스크립트 영역에 드래그한 다음 ▼를 클릭하여 '다음풍선'을 선택합니다. 이어서, [제어] 팔레트의 ▨▨▨를 연결합니다.

> **TIP** 화면이 작은 관계로 ❸번까지 작업한 내용을 보이지 않게 하였으니 이어서 작업합니다.

❺ [동작] 팔레트의 ▨▨▨▨를 연결합니다. [감지] 팔레트의 ▨▨▨▨를 'x:'에 연결하고 '무대 ▼'를 클릭하여 '늑대'를 선택합니다. [연산] 팔레트의 ▨▨를 'y:'에 연결한 다음 [감지] 팔레트의 ▨▨▨▨를 ▨▨의 왼쪽에 연결하고 ▼를 클릭하여 ▨▨▨로 변경합니다. 이어서, 오른쪽 값에 '20'을 입력합니다.

❻ [형태] 팔레트의 크기를 100 %로 정하기 를 연결한 다음 값을 '10'으로 변경하고 보이기 를 연결합니다. [제어] 팔레트의 10 번 반복하기 를 연결한 다음 값을 '9'로 변경하고 1 초 기다리기 를 연결한 다음 값을 '0.2'로 변경합니다.

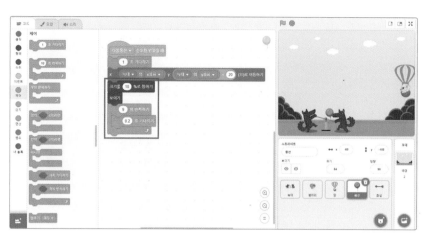

❼ [형태] 팔레트의 크기를 10 만큼 바꾸기 를 연결하고 [동작] 팔레트의 x 50 y -108 (으)로 이동하기 를 연결합니다. [감지] 팔레트의 무대 의 배경 변호 을 'x:'에 연결한 후, '무대▼'를 클릭하여 '늑대'를 선택합니다. [연산] 팔레트의 ◯ ◯ 을 'y:'에 연결한 다음 [감지] 팔레트의 무대 의 배경 변호 를 ◯ ◯ 왼쪽에 연결하고 ▼를 클릭하여 늑대 의 y좌표 로 변경합니다. 이어서, 오른쪽 값에 '20'을 입력합니다.

❽ [이벤트] 팔레트의 병아리보이기 신호 보내기 를 연결한 다음 ▼를 클릭하여 '병아리보이기'를 선택하고 [제어] 팔레트의 까지 반복하기 를 연결합니다.

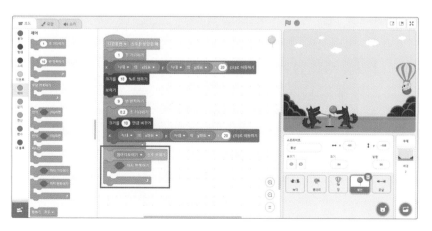

⑨ [감지] 팔레트의 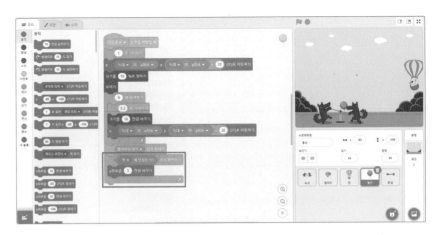 명령 블록을 연결한 다음 ▼를 클릭하여 '벽'을 선택합니다. 이어서, [동작] 팔레트의 명령 블록을 연결하고 값을 '3'으로 변경합니다.

⑩ [형태] 팔레트의 명령 블록을 연결하고 [이벤트] 팔레트의 명령 블록을 연결합니다. 이어서, ▼를 클릭하여 '병아리숨기기'를 선택한 다음 명령 블록을 하나 더 연결하고 ▼를 클릭하여 '다음풍선'을 선택합니다.

03 '화살' 스프라이트 코딩하기와 게임 준비하기

❶ '화살' 스프라이트를 선택한 다음 [이벤트] 팔레트의 명령 블록을 스크립트 영역에 드래그한 후 [형태] 팔레트의 명령 블록을 연결합니다.

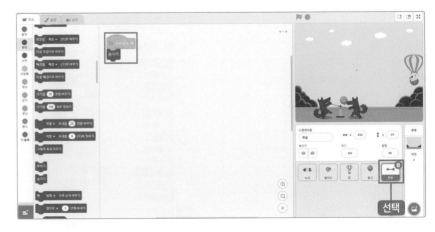

❷ [이벤트] 팔레트의 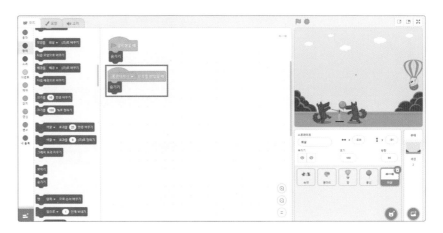 명령 블록을 삽입한 다음 ▼를 클릭하여 '풍선터지기'를 선택하고 [형태] 팔레트의 숨기기 명령 블록을 연결합니다.

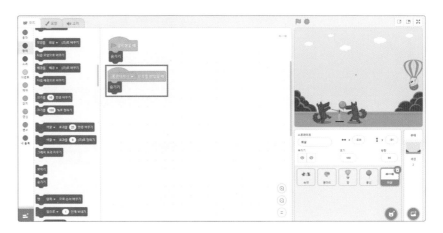

❸ [이벤트] 팔레트의 명령 블록을 삽입한 다음 ▼를 클릭하여 '화살쏘기'를 선택합니다. [동작] 팔레트의 x -231 y -73 (으)로 이동하기 명령 블록을 연결한 후, 'x:'에 [연산] 팔레트의 명령 블록을 연결합니다. [감지] 팔레트의 무대 의 배경 변호 명령 블록을 명령 블록의 왼쪽에 연결하고 '양'과 'x좌표'로 변경한 후 오른쪽 값에 '30'을 입력합니다. [연산] 팔레트의 명령 블록을 'y:'에 연결합니다. [감지] 팔레트의 무대 의 배경 변호 명령 블록을 연결한 다음 '양'과 'y좌표'로 변경하고 오른쪽 값에 '30'을 입력합니다.

❹ [형태] 팔레트의 보이기 명령 블록을 연결하고 [제어] 팔레트의 (까지) 명령 블록을 연결합니다. [감지] 팔레트의 마우스 포인터 에 닿았는가? 명령 블록을 연결한 다음 ▼를 클릭하여 '벽'을 선택합니다.

❺ [동작] 팔레트의 [x좌표를 10 만큼 바꾸기] 명령 블록을 연결한 다음 값을 '-10'으로 변경합니다.

❻ [형태] 팔레트의 [숨기기] 명령 블록을 연결합니다.

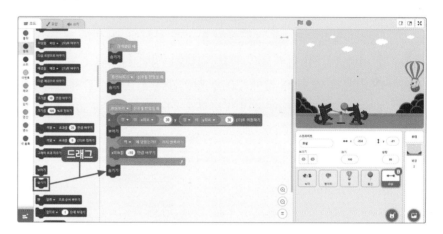

❼ [무대]를 선택한 다음 [이벤트] 팔레트의 [클릭했을 때] 명령 블록을 스크립트 영역에 드래그합니다. 이어서, [다음종신 ▼ 신호 보내기] 명령 블록을 연결합니다.

01 게임이 시작되면 '양' 스프라이트가 화면에 보이는 위치를 다음과 같이 지정해 보세요.

- x좌표 : 200, y좌표 : 50

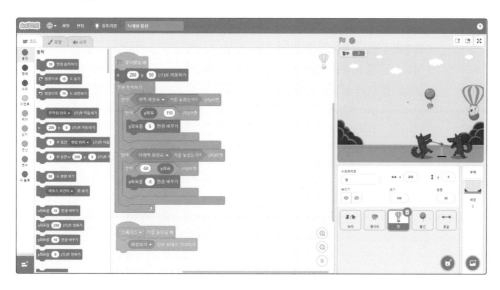

02 '풍선' 스프라이트에 다음 조건을 만족하도록 코딩해 보세요.

- '점수' 변수를 만들고 게임을 시작하면 값을 '0'으로 초기화한다.
- '풍선' 스프라이트가 '화살' 스프라이트에 닿으면 '1'점이 올라간다.

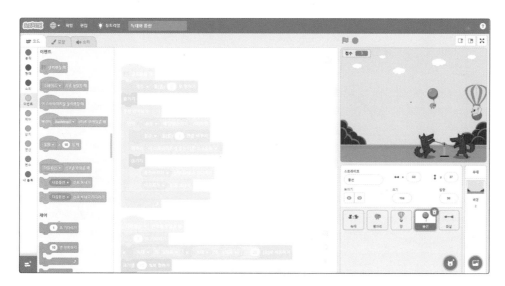

레이싱

트랙에서 레이싱하는 자동차를 코딩해 보겠습니다. 자동차는 트랙을 빠르게 달릴 수 있지만 안전 지역은 느린 속도로 달리고, 통과 불가는 지나가지 못하도록 코딩해 보겠습니다.

학습목표

• 변수를 만들고 활용할 수 있습니다.
• 작성한 명령 블록을 복사하여 수정할 수 있습니다.
• 불필요한 명령 블록을 삭제할 수 있습니다.

☒ **예제 파일** : 레이싱카.sb3 ☒ **완성 파일** : 레이싱카(완성).sb3

☒ **사용 방법** : 앞으로 이동(↑), 뒤로 이동(↓), 오른쪽 회전(→), 왼쪽 회전(←) 키를 이용하여 자동차를 조정하는 게임입니다.

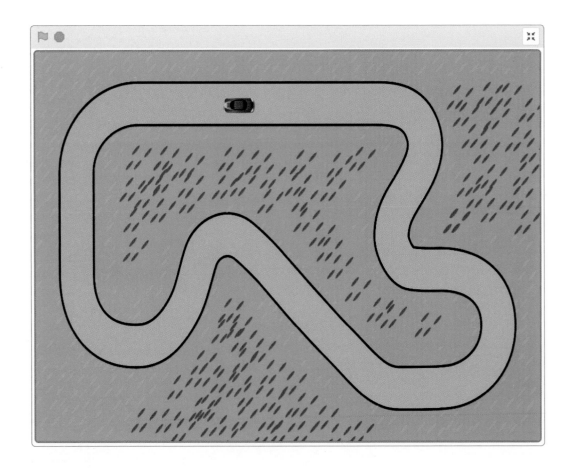

자동차의 시작 위치 지정과 변수 만들기

❶ '자동차' 스프라이트를 선택하고 [이벤트] 팔레트의 📦 명령 블록을 스크립트 영역에 드래그합니다. [동작] 팔레트의 x -45 y 130 (으)로 이동하기 명령 블록을 연결하고 90 도 방향 보기 명령 블록을 연결합니다.

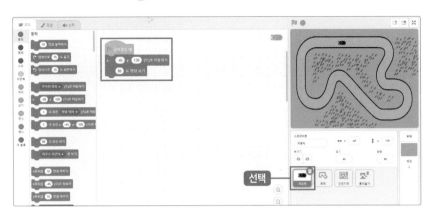

❷ 새로운 변수를 만들기 위해 [변수] 팔레트를 선택한 다음 변수 만들기 를 클릭합니다. [새로운 변수] 대화 상자가 나타나면 '이전x좌표'를 입력하고 [확인]을 클릭합니다. 동일한 방법으로 '이전y좌표'와 '이전 방향' 변수를 만듭니다.

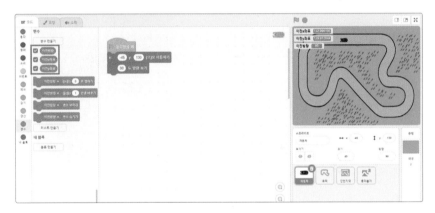

❸ '이전x좌표', '이전y좌표', '이전방향' 변수를 화면에서 숨기기 위해 [변수] 팔레트의 변수 이름 앞에 있는 ☑를 클릭하여 선택을 해제합니다.

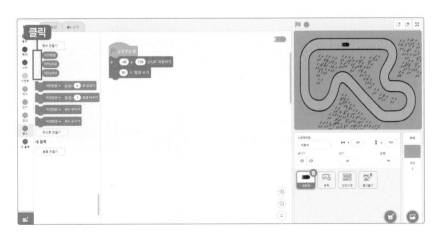

❶ [이벤트] 팔레트의 　　　 명령 블록을 삽입한 다음 [제어] 팔레트의 　　　 명령 블록을 연결합니다.

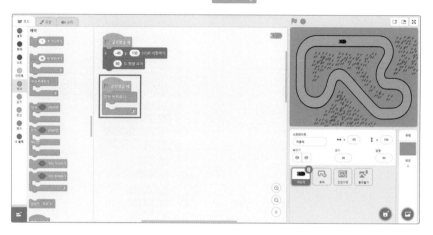

❷ [제어] 팔레트의 　　　 명령 블록을 연결한 후, [감지] 팔레트의 　　　 명령 블록을 연결하고
▼를 클릭하여 '위쪽 화살표'를 선택합니다.

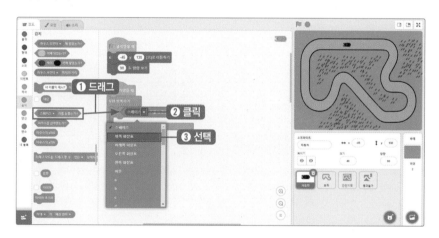

❸ [변수] 팔레트의 　　　 명령 블록을 연결하고 ▼를 클릭하여 '이전x좌표'를 선택합니다. 이어서,
[동작] 팔레트의 　　 명령 블록을 연결합니다.

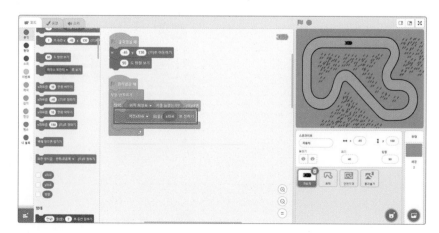

❹ [변수] 팔레트의 ⬛⬛⬛⬛를 연결하고 ▼를 클릭하여 '이전y좌표'를 선택합니다. 이어서, [동작] 팔레트의 ⬛⬛을 연결합니다.

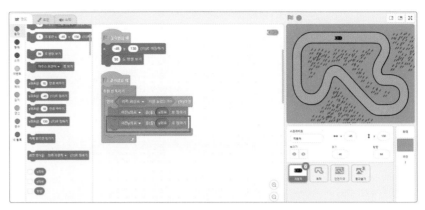

❺ [제어] 팔레트의 ⬛⬛⬛을 연결합니다. [감지] 팔레트의 ⬛⬛⬛⬛⬛를 연결한 다음 ▼를 클릭하여 '안전지역'을 선택하고 [동작] 팔레트의 ⬛⬛⬛⬛를 연결한 다음 값을 '1'로 변경합니다. 이어서, [동작] 팔레트의 ⬛⬛⬛⬛를 '아니면'에 연결한 다음 값을 '5'로 변경합니다.

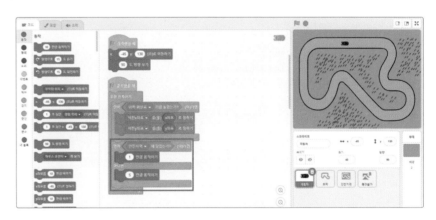

03 ▶ 복사하여 코딩 수정하기

❶ 완성된 부분 중 ⬛⬛⬛에 마우스 오른쪽 단추를 눌러 '복사하기'를 선택합니다.

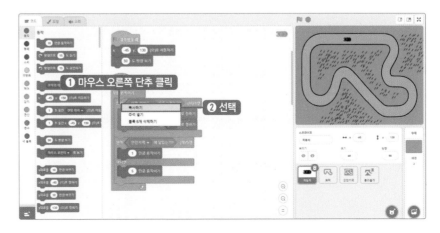

❷ 복사한 을 아래에 연결하고, 위쪽 화살표 ▼ 키를 눌렀는가?의 ▼를 클릭하여 '아래쪽 화살표'를 선택합니다.
10 만큼 움직이기의 값을 각각 '-1'과 '-5'로 변경합니다.

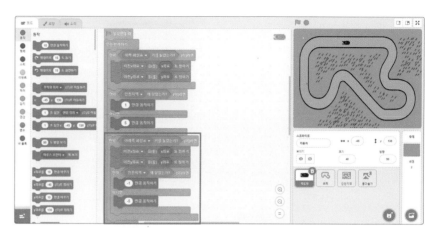

04 ▶ 왼쪽과 오른쪽으로 회전하기

❶ [제어] 팔레트의 을 연결합니다. [감지] 팔레트의 스페이스 ▼ 키를 눌렀는가?를 연결한 다음 ▼를 클릭하여 '오른쪽 화살표'를 선택합니다.

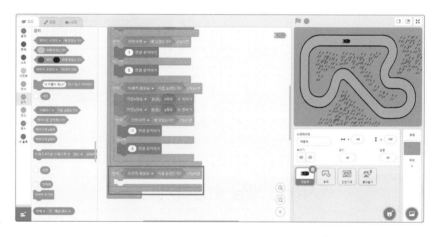

❷ [변수] 팔레트의 이전방향 ▼ 을(를) 0 로 정하기를 연결한 다음 [동작] 팔레트의 방향을 연결합니다.

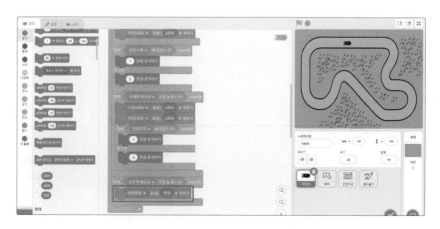

❸ [제어] 팔레트의 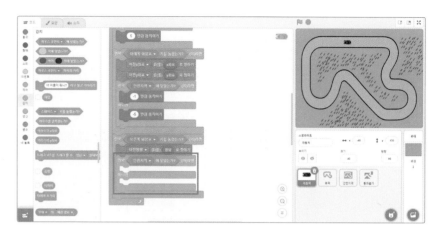 명령 블록을 연결합니다. [감지] 팔레트의 ◁ 마우스 포인터 ▾ 에 닿았는가? ▷ 명령 블록을 연결하고 ▼를 클릭하여 '안전지역'을 선택합니다.

❹ [동작] 팔레트의 방향으로 15 도 돌기 명령 블록을 연결한 다음 값을 '5'로 변경하고, 방향으로 15 도 돌기 명령 블록을 '아니면'에 연결한 다음 값을 '15'로 변경합니다.

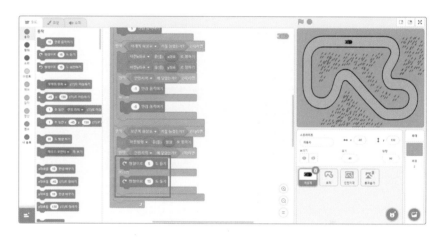

❺ 완성된 명령 블록에서 마우스 오른쪽 단추를 클릭하여 '복사하기'를 선택합니다.

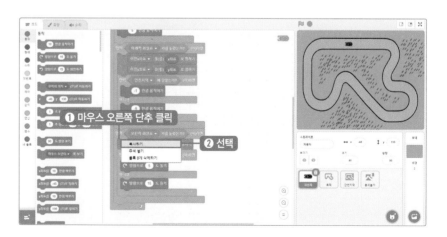

6 복사한 명령 블록을 아래에 붙여 넣습니다. 이어서, ▼를 클릭하여 '왼쪽 화살표'를 선택한 후 ⟨방향으로 5 도 돌기⟩와 ⟨방향으로 15 도 회전하기⟩를 팔레트로 드래그합니다. 이렇게 하면 명령 블록을 삭제할 수 있습니다. [동작] 팔레트의 ⟨방향으로 15 도 회전하기⟩를 그림과 같이 연결한 다음 값을 각각 '5'와 '15'로 변경합니다.

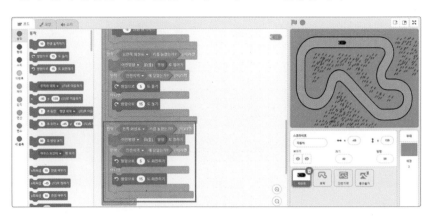

05 '통과불가' 스프라이트에 부딪혔을 때 이전 위치로 돌아가기

1 [이벤트] 팔레트의 ⟨클릭했을 때⟩를 삽입한 다음 [제어] 팔레트의 ⟨무한 반복하기⟩를 연결합니다. 이어서, ⟨만약 ∼(이)라면⟩을 삽입한 다음 [감지] 팔레트의 ⟨마우스 포인터 ▼ 에 닿았는가?⟩을 연결하고 ▼를 클릭하여 '통과불가'를 선택합니다.

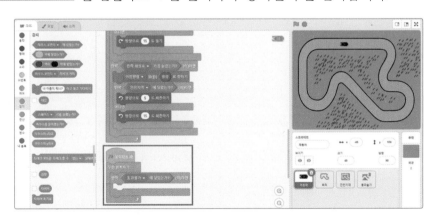

2 [동작] 팔레트의 ⟨x -45 y 130 (으)로 이동하기⟩를 연결하고 [변수] 팔레트의 ⟨이전x좌표⟩은 'x:'에 ⟨이전y좌표⟩은 'y:'를 연결합니다. 이어서, [동작] 팔레트의 ⟨90 도 방향보기⟩를 연결한 다음 [변수] 팔레트의 ⟨이전방향⟩을 연결합니다. ▶를 클릭해 프로그램을 실행합니다.

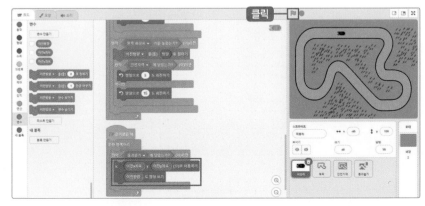

연습 문제

01 [무대]의 스크립트에 다음 조건에 만족하도록 코딩해 보세요.

● 60초를 기다린 후 모두 멈추기를 실행한다.

TIP 이렇게 코딩하면 60초를 기다린 후 게임을 멈추게 됩니다.

02 색칠하기( )를 이용하여 '통과불가' 스프라이트의 모양을 빨강색으로 색칠해 보세요.

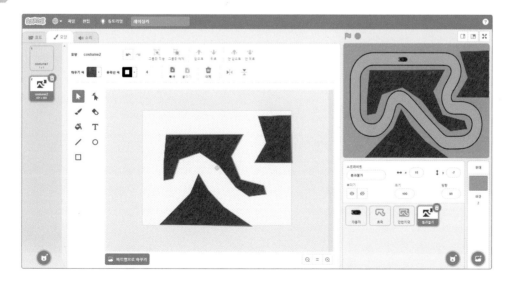

허들게임 ❶

지정된 시간 동안에만 게임을 할 수 있도록 코딩하는 방법에 대해 알아보고
[Space Bar] 키를 눌러 다가오는 허들을 뛰어 넘도록 만들어 보겠습니다.

학습목표

- [Space Bar] 키를 누르면 스프라이트의 모양을 바꿀 수 있습니다.
- [Space Bar] 키를 누르면 스프라이트를 위로 움직였다가 아래로 내려오도록 한 후 점수를 증가 시키는 코딩을 할 수 있습니다.

¤ **예제 파일** : 허들게임.sb3   ¤ **완성 파일** : 허들게임(완성).sb3

¤ **사용 방법** : 달리기 선수가 뛰다가 허들이 나오면 [Space Bar] 키를 눌러 허들을 뛰어 넘는 게임입니다.

01 게임 준비하기

❶ [무대]를 선택하고 [이벤트] 팔레트의 ▨▨▨▨▨ 명령 블록을 스크립트 영역에 드래그합니다. [변수] 팔레트
의 ▨▨▨▨▨▨▨ 명령 블록을 연결한 다음 값을 '60'으로 변경하고 ▨▨▨▨▨▨▨ 명령 블록을 연결한
다음 ▼를 클릭하여 '점수'를 선택합니다.

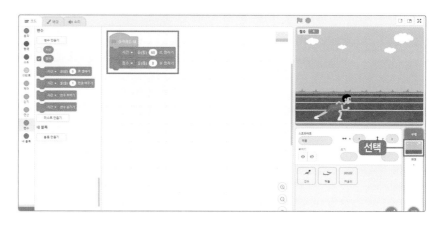

❷ [제어] 팔레트의 ▨▨▨▨▨ 명령 블록을 연결한 다음 [연산] 팔레트의 ▨▨▨▨ 명령 블록을 연결합니다.
이어서, [변수] 팔레트의 ▨▨▨ 명령 블록을 연결한 다음 값에 '0'을 입력합니다.

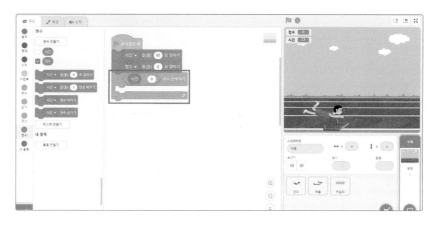

❸ [변수] 팔레트의 ▨▨▨▨▨▨▨ 명령 블록을 연결한 다음 값을 '-1'로 변경하고 [제어] 팔레트의
▨▨▨▨▨▨ 명령 블록을 연결합니다. 이어서, [제어] 팔레트의 ▨▨▨▨▨ 명령 블록을 연결합니다.

> **TIP**
> 이렇게 코딩하면 '시간'
> 변수의 값이 '60'으로 시작
> 하여 '1'씩 줄어들다가 '0'이
> 되면 게임이 끝나게 됩니다.

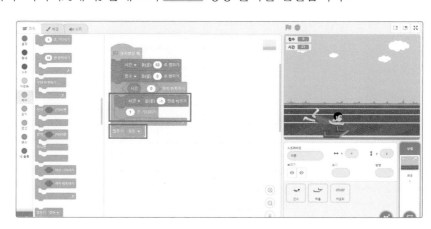

02 달리는 모양 코딩하기

❶ '선수' 스프라이트를 선택하고 [이벤트] 팔레트의 클릭했을 때 를 스크립트 영역에 드래그합니다. [형태] 팔레트의 모양을 넘어지기 ▼ (으)로 바꾸기 를 연결한 다음 ▼를 클릭하여 '준비'를 선택합니다. [동작] 팔레트의 x -100 y -30 (으)로 이동하기 를 연결한 다음 값을 '-100', '-100'으로 변경합니다.

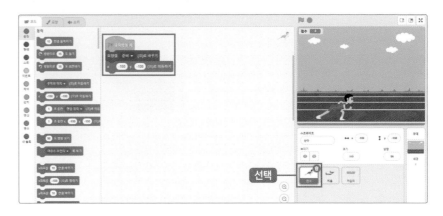

❷ [이벤트] 팔레트의 메시지1 ▼ 신호를 방았을 때 를 삽입한 다음 ▼을 클릭하여 '새로운 메시지'를 선택합니다. [새로운 메시지] 대화상자가 나타나면 '출발'을 입력하고 [확인]을 클릭합니다. [제어] 팔레트의 무한 반복하기 를 연결합니다.

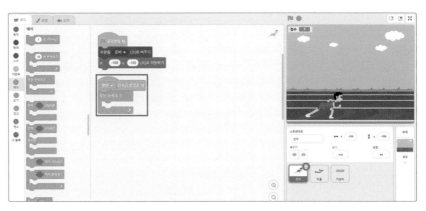

❸ [동작] 팔레트의 x -100 y -30 (으)로 이동하기 를 연결한 다음 값을 '-100', '-100'으로 변경하고, [형태] 팔레트의 모양을 넘어지기 ▼ (으)로 바꾸기 를 연결한 다음 ▼를 클릭하여 '달리기1'을 선택합니다. [제어] 팔레트의 1 초 기다리기 를 연결한 다음 값을 '0.2'로 변경합니다.

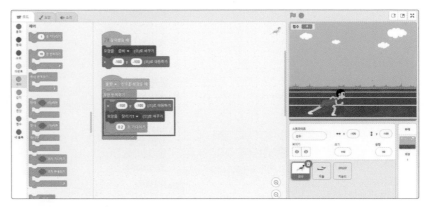

④ [형태] 팔레트의 명령 블록을 연결한 다음 ▼를 클릭하여 '달리기2'를 선택하고, [제어]
팔레트의 명령 블록을 연결한 다음 값을 '0.2'로 변경합니다.

TIP 이렇게 하면 '출발'을 받았
을 때 모양을 '달리기1'과
'달리기2'로 0.2씩 보이면서
바뀌게 됩니다.

03 뛰어넘는 모양 코딩하기

❶ [이벤트] 팔레트의 명령 블록을 삽입하고 [제어] 팔레트의 명령 블록을 연결한 다음
▼를 클릭하여 '이 스프라이트에 있는 다른 스크립트'를 선택합니다. [형태] 팔레트의 명령
블록을 연결한 다음 ▼를 클릭하여 '뛰어넘기'를 선택합니다.

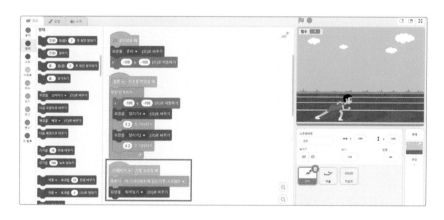

❷ [제어] 팔레트의 명령 블록을 연결한 다음 값을 '22'로 변경하고, [동작] 팔레트의
명령 블록을 연결한 다음 값을 '5'로 변경합니다.

TIP 이렇게 코딩하면 선수가
위로 뛰어오르게 됩니다.

❸ [제어] 팔레트의 명령 블록을 연결한 다음 값을 '22'로 변경하고, [동작] 팔레트의 명령 블록을 연결한 다음 값을 '-5'로 변경합니다.

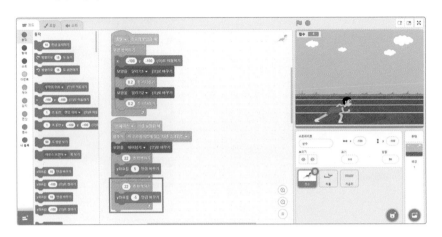

TIP 이렇게 코딩하면 위로 뛰어오른 선수가 내려오게 됩니다.

❹ [변수] 팔레트의 명령 블록을 연결한 다음 ▼를 클릭하여 '점수'를 선택합니다. 값에 '1'을 입력한 다음 [이벤트] 팔레트의 명령 블록을 연결한 다음 ▼를 클릭하여 '출발'을 선택합니다.

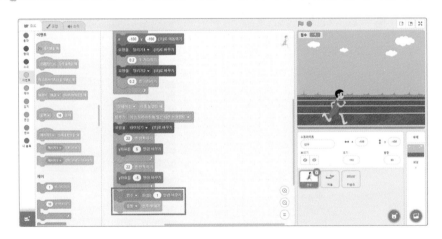

01 [무대]의 '시간' 변수의 값을 이용해 게임 시간을 '30'초로 변경해 보세요.

02 다음 조건을 만족하도록 코딩해 보세요.

- '시간'을 화면에 표시한다.
- 명령 블록을 이용하여 점수가 '20점'보다 크면 게임을 종료한다.

허들게임 ❷

허들이 오른쪽에서 왼쪽으로 이동하고 선수가 뛰어올라 허들을 넘어가야 하지만 제대로 뛰지 못해 허들에 걸리면 선수는 넘어지고, 허들도 쓰러지도록 코딩해 보겠습니다.

학습목표 ....

- 스프라이트에 닿으면 모양을 바꿀 수 있습니다.
- 게임 시작을 위한 카운터를 코딩할 수 있습니다.

☒ **예제 파일 :** 허들게임.sb3   ☒ **완성 파일 :** 허들게임(완성).sb3

☒ **사용 방법 :** 달리기 선수가 뛰다가 허들이 나오면 **Space Bar** 키를 눌러 허들을 뛰어 넘는 게임입니다.

01 넘어지는 모양 코딩하기

❶ '선수' 스프라이트를 선택한 다음 [이벤트] 팔레트의 █████████ 을 삽입하고 ▼를 클릭하여 '새로운 메시지'를 선택합니다. [새로운 메시지] 대화상자가 나타나면 '넘어지기'를 입력하고 [확인]을 클릭합니다. [제어] 팔레트의 ████ 을 연결하고 ▼를 클릭하여 '이 스프라이트에 있는 다른 스크립트'를 선택합니다.

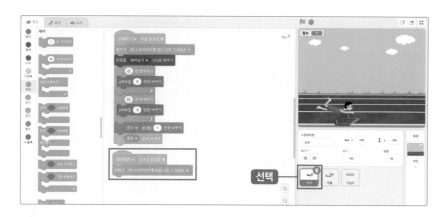

❷ [동작] 팔레트의 ██████████ 을 연결한 다음 값을 '-100', '-100'으로 변경하고, [형태] 팔레트의 ██████████ 을 연결합니다.

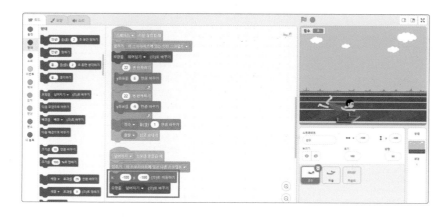

❸ [제어] 팔레트의 ███████ 을 연결한 다음 값을 '0.3'으로 변경합니다. [이벤트] 팔레트의 ████████ 을 연결합니다.

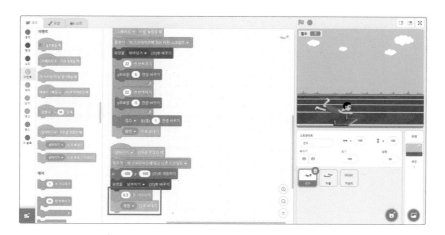

❶ '허들' 스프라이트를 선택하고 [이벤트] 팔레트의 ▭ 명령 블록을 스크립트 영역에 드래그합니다. [동작] 팔레트의 x: -7 y: -130 (으)로 이동하기 명령 블록을 연결하고 값을 '210', '-130'으로 변경합니다.

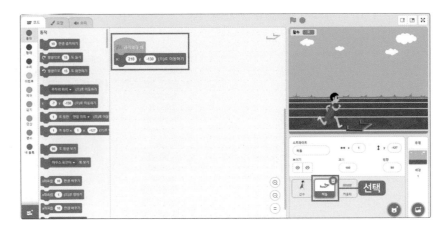

❷ [이벤트] 팔레트의 ▭ 명령 블록을 삽입한 다음 ▼를 클릭하여 '출발'을 선택하고 [제어] 팔레트의 ▭ 명령 블록을 연결합니다.

❸ [형태] 팔레트의 모양을 허들2 ▼ (으)로 바꾸기 명령 블록을 연결한 다음 ▼를 클릭하여 '허들'을 선택하고 보이기 명령 블록을 연결합니다.

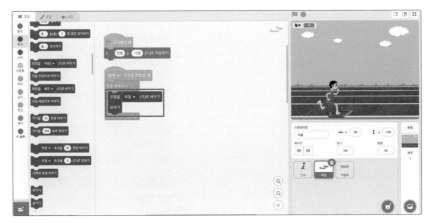

❹ [제어] 팔레트의 명령 블록을 연결하고 [감지] 팔레트의 ◁ 마우스 포인터 ▾ 에 닿았는가? ▷ 명령 블록을 연결한 다음 ▼를 클릭하여 '벽'을 선택합니다. [동작] 팔레트의 ◁ x좌표를 10 만큼 바꾸기 ▷ 명령 블록을 연결한 다음 값을 '-7'로 변경합니다.

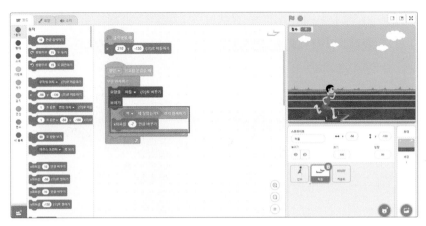

❺ [제어] 팔레트의 명령 블록을 연결하고 [감지] 팔레트의 ◁ 마우스 포인터 ▾ 에 닿았는가? ▷ 명령 블록을 연결하고 ▼를 클릭하여 '선수'를 선택합니다.

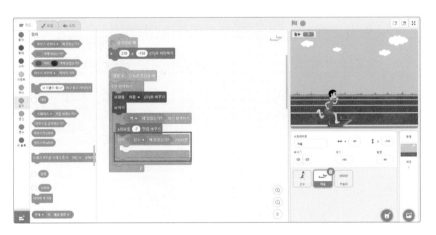

❻ [이벤트] 팔레트의 ◁ 넘기기 ▾ 신호 보내기 ▷ 명령 블록을 연결합니다. [형태] 팔레트의 ◁ 모양을 허들2 ▾ (으)로 바꾸기 ▷ 명령 블록과 [제어] 팔레트의 ◁ 1 초 기다리기 ▷ 명령 블록을 연결한 다음 값을 '0.2'로 변경합니다. [형태] 팔레트의 ◁ 숨기기 ▷ 명령 블록을 연결하고, [동작] 팔레트의 ◁ x: -7 y: -130 (으)로 이동하기 ▷ 명령 블록을 연결한 다음 값을 '210', '-130'으로 변경합니다.

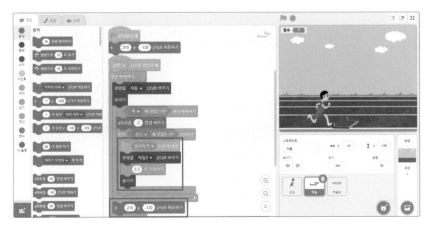

03 ▶ 게임을 시작하기 위한 카운터 만들기

❶ '카운터' 스프라이트를 선택하고 [이벤트] 팔레트의 ▨▨▨▨▨ 명령 블록을 스크립트 영역에 드래그합니다. [형태] 팔레트의 ▨▨▨ 출발▼ (으)로 바꾸기 명령 블록을 연결한 다음 ▼를 클릭하여 '3'을 선택하고, ▨▨ 명령 블록을 연결합니다.

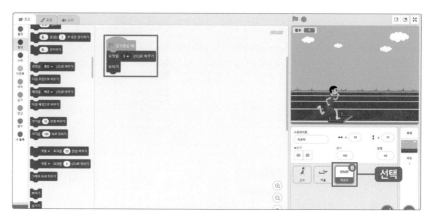

❷ [제어] 팔레트의 ▨▨ 10 번 반복하기 명령 블록을 연결한 다음 값을 '3'으로 변경합니다. 이어서, ▨▨ 1 초 기다리기 명령 블록을 연결하고 [형태] 팔레트의 ▨▨ 다음 모양으로 바꾸기 명령 블록을 연결합니다.

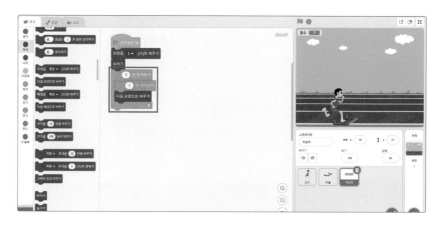

❸ [제어] 팔레트의 ▨▨ 1 초 기다리기 명령 블록을 연결한 다음 [형태] 팔레트의 ▨▨ 숨기기 명령 블록을 연결합니다. [이벤트] 팔레트의 ▨▨ 넘어지기▼ 신호 보내기 명령 블록을 연결한 다음 ▼를 클릭하여 '출발'을 선택합니다.

TIP 이렇게 코딩하면 모양을 1초마다 '3', '2', '1', 'START' 순으로 바꾼 다음 게임이 시작됩니다.

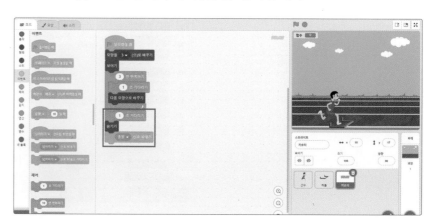

01 '카운터' 스프라이트의  스크립트를 다음과 같이 변경해 보세요.

- 모양을 '3'으로 바꿔 보이게 지정 블록 이후에 다음 명령을 4번 반복한다.
  - 블록을 이용하여 점수가 '20점'보다 크면 게임을 종료한다.
  - 다음 명령을 10번 반복한다.
    ▶ 투명도 효과를 '10'만큼 바꾼 다음 0.1초 기다린다.
    ▶ 다음 모양으로 바꾼다.

02 '허들' 스프라이트를 선택한 후 다음과 같이 명령 블록을 변경하고 어떻게 움직이는지 실행해 보세요.

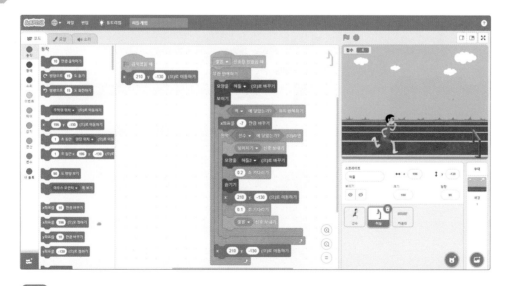

TIP 숨기기 명령 블록을 이용하여 스프라이트를 숨겨도 이동하기 명령 블록과 같은 명령 블록은 계속해서 실행하게 됩니다.

눈싸움 ❶

눈사람이 임의의 시간 동안만 화면에 표시되었다가 숨도록 코딩하겠습니다.
또한 완성된 스크립트를 다른 스프라이트에 복사하여 수정하는 방법에 대해서도
알아보겠습니다.

학습목표

• 스프라이트를 일정 시간 동안만 화면에 표시한 후 숨길 수 있습니다.

• 스크립트를 복사할 수 있습니다.

• 복사한 스크립트를 스프라이트에 알맞게 바꿀 수 있습니다.

🔲 **예제 파일** : 눈싸움.sb3　🔲 **완성 파일** : 눈싸움(완성).sb3

🔲 **사용 방법** : 숨어 있던 눈사람이 나오면 마우스로 드래그하여 과녁에 조준한 후 눈을 던져(Space Bar) 맞추는 게임입니다.

01 ▸ 게임 준비하기

❶ [무대]를 선택하고 [변수] 팔레트의 변수 만들기 를 클릭합니다. [새로운 변수] 대화상자가 나타나면 '점수'를 입력하고 [확인]을 클릭합니다.

❷ [이벤트] 팔레트의 █ 명령 블록을 삽입하고 [변수] 팔레트의 점수 ▾을(를) 0 로 정하기 명령 블록을 연결합니다.

02 ▸ '눈사람1' 스프라이트 코딩하기

❶ '눈사람1' 스프라이트를 선택한 다음 [이벤트] 팔레트의 █ 명령 블록을 삽입합니다. [형태] 팔레트의 숨기기 명령 블록을 연결하고 모양을 모양2 ▾ (으)로 바꾸기 명령 블록을 연결한 다음 ▼를 클릭하여 '모양1'을 선택합니다.

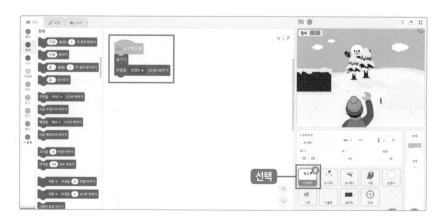

❷ [제어] 팔레트의 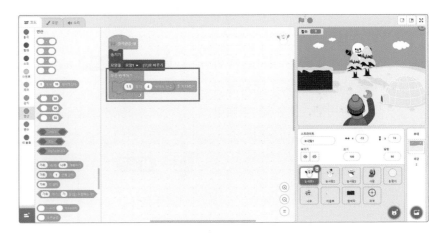 명령 블록을 연결한 다음 ⬛ 명령 블록을 연결합니다. [연산] 팔레트의
⬛ 명령 블록을 연결한 다음 값을 '1.5'와 '4'로 변경합니다.

❸ [형태] 팔레트의 ⬛ 명령 블록을 연결한 다음 [제어] 팔레트의 ⬛ 명령 블록을 연결합니다. 이어서,
값을 '2'로 변경하고 [형태] 팔레트의 ⬛ 명령 블록을 연결합니다.

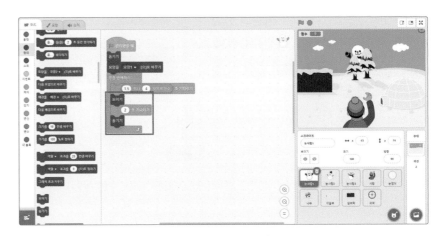

TIP 이렇게 코딩하면, '눈사람1' 스프라이트가 1.5초에서 4초가 지나면 2초 동안 화면에 표시된 후 숨겨지게 됩니다.

❹ [이벤트] 팔레트의 ⬛ 명령 블록을 삽입한 다음 ▼를 클릭하여 '새로운 메시지'를 선택합니다.

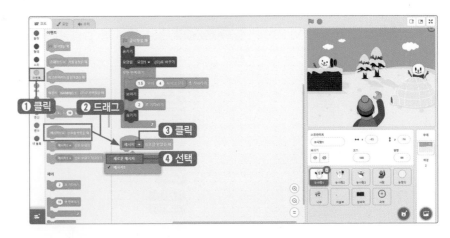

❺ [새로운 메시지] 대화상자가 나타나면 '모양바꾸기1'을 입력한 다음 [확인]을 클릭합니다.

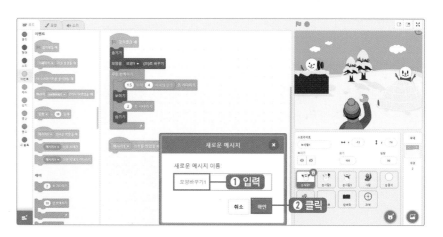

> **TIP** ....
> '모양바꾸기1' 스크립트는 '눈사람1' 스프라이트가 '눈덩이' 스프라이트에 닿았을 때 모양을 바꾸는 스크립트입니다.

❻ [형태] 팔레트의 █모양을 모양2 ▾ (으)로 바꾸기█ 명령 블록을 연결한 다음 [변수] 팔레트의 █점수 ▾ 을(를) 1 만큼 바꾸기█ 명령 블록을 연결합니다.

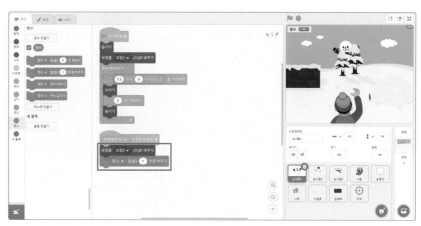

❼ [제어] 팔레트의 █1 초 기다리기█ 명령 블록을 연결한 다음 값을 '0.5'로 변경하고, [형태] 팔레트의 █숨기기█ 명령 블록을 연결합니다. 이어서 █모양을 모양2 ▾ (으)로 바꾸기█ 명령 블록을 연결하고 ▼를 클릭하여 '모양1'을 선택합니다.

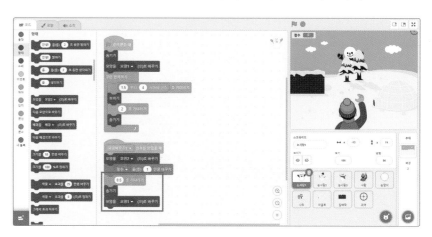

❶ '눈사람1' 스프라이트의 [색깔반응할때] 스크립트와 [모양바꾸기] [신호를 받았을 때] 스크립트를 '눈사람2' 스프라이트로 드래그합니다. 이렇게 하면 스크립트를 복사할 수 있습니다.

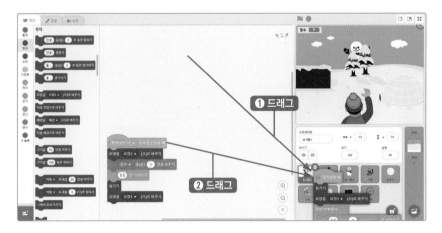

❷ '눈사람2' 스프라이트를 선택하면 2개의 스크립트가 복사되어 있으며, 빈 공간에 마우스 오른쪽 단추를 눌러 '블록 정리하기'를 선택하여 스크립트 영역을 정리합니다.

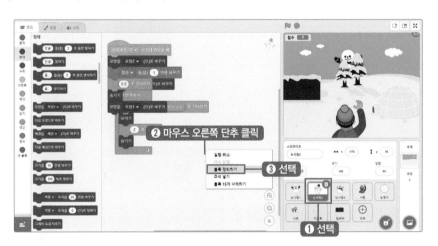

❸ 복사된 스크립트에서 [1.5 부터 4 사이의 난수 초 기다리기]의 값을 [2.5 부터 5 사이의 난수 초 기다리기]로 변경합니다.

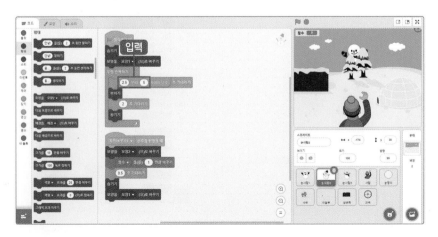

④ 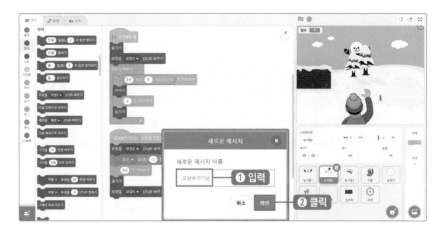 명령 블록의 ▼를 클릭하여 '새로운 메시지'를 선택합니다. [새로운 메시지] 대화상자가
나타나면 '모양바꾸기2'를 입력하고 [확인]을 클릭합니다.

⑤ '눈사람1' 스프라이트의 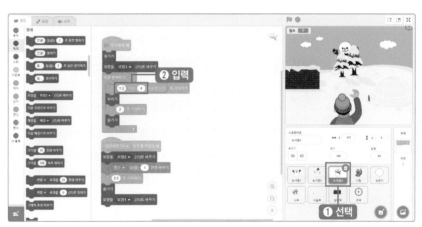 스크립트와 스크립트를 '눈사람3' 스프라이트에 드래그하여
복사합니다. 이어서, '눈사람3' 스프라이트를 선택한 다음 의 값을
로 변경합니다.

⑥ 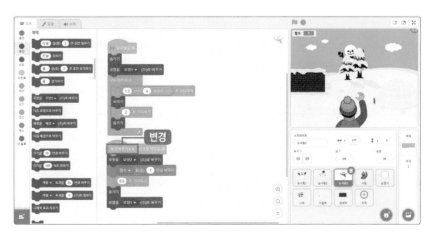 명령 블록의 ▼를 클릭하여 '새로운 메시지'를 선택합니다. [새로운 메시지] 대화상자가
나타나면 '모양바꾸기3'을 입력하고 [확인]을 클릭합니다.

01 '눈사람1' 스프라이트의 [모양바꾸기 ▾ 신호를 받았을 때] 스크립트에 모양을 바꾸면 'beat box1' 소리가 나오도록 코딩해 보세요. 'beat box1'은 [소리 탭([◀) 소리])]-[소리 고르기([◀))]-[소리 고르기([🔍])]에서 찾아보세요.

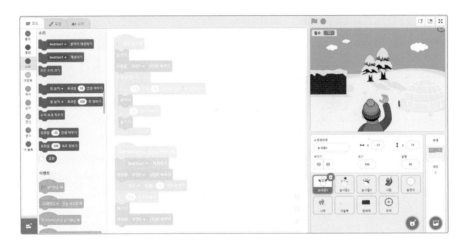

02 '눈사람2'와 '눈사람3' 스프라이트에도 'beat box1' 소리를 추가해 보세요.

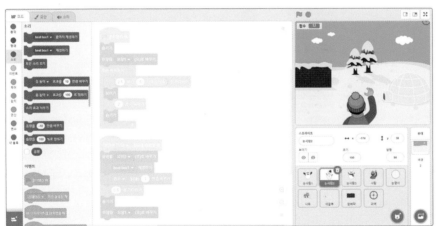

◀ 눈사람2

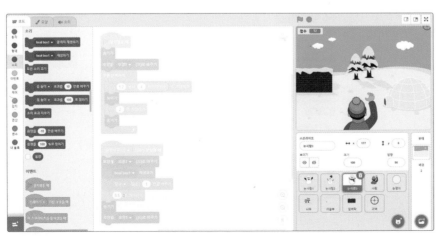

◀ 눈사람3

CHAPTER

18

눈싸움 ❷

마우스를 따라 '과녁' 스프라이트가 움직이는 방법에 대해 알아보고 지정된 위치로 임의의 시간동안 스프라이트를 움직이는 방법에 대해서도 알아보겠습니다.

학습목표

• 마우스 포인터의 위치로 스프라이트가 이동할 수 있습니다.
• 지정된 시간동안 지정된 위치로 스프라이트가 이동할 수 있습니다.

¤ **예제 파일 :** 눈싸움.sb3 ¤ **완성 파일 :** 눈싸움(완성).sb3

¤ **사용 방법 :** 숨어 있던 눈사람이 나오면 마우스로 드래그하여 과녁에 조준한 후 눈을 던져(⌨) 맞추는 게임입니다.

❶ '사람' 스프라이트를 선택한 다음 [이벤트] 팔레트의 ▨ 명령 블록을 스크립트 영역에 드래그하고 [형태] 팔레트의 ▨ 모양을 사람 ▾ (으)로 바꾸기 명령 블록을 연결합니다.

❷ [이벤트] 팔레트의 ▨ 스프라이스 ▾ 키를 눌렀을 때 명령 블록을 삽입하고, [제어] 팔레트의 ▨ 1 초 기다리기 명령 블록을 연결한 다음 값을 '0.1'로 변경합니다.

❸ [형태] 팔레트의 ▨ 다음 모양으로 바꾸기 명령 블록을 연결한 다음 [제어] 팔레트의 ▨ 1 초 기다리기 명령 블록을 연결하고 값을 '0.3'으로 변경합니다. [형태] 팔레트의 ▨ 다음 모양으로 바꾸기 명령 블록을 연결합니다.

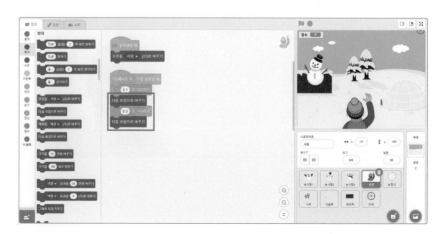

④ [이벤트] 팔레트의 명령 블록을 연결한 다음 ▼를 클릭하여 '새로운 메시지'를 선택합니다. [새로운 메시지] 대화상자가 나타나면 '눈던지기'를 입력한 후 [확인]을 클릭합니다.

02 날아가는 눈덩이 코딩하기

① '눈덩이' 스프라이트를 선택한 다음 [이벤트] 팔레트의 클릭했을때 명령 블록을 스크립트 영역에 드래그하고 [형태] 팔레트의 숨기기 명령 블록을 연결합니다. [이벤트] 팔레트의 눈던지기 신호를 받았을때 명령 블록을 삽입한 다음 [형태] 팔레트의 숨기기 명령 블록을 연결합니다.

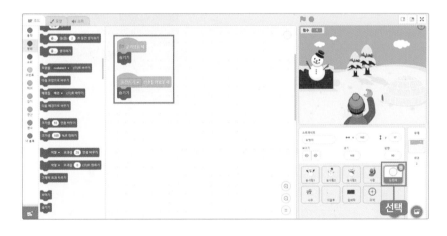

② [동작] 팔레트의 x -170 y 56 (으)로 이동하기 명령 블록을 연결한 다음 [연산] 팔레트의 ◯ 명령 블록을 'x:'와 'y:'에 각각 연결합니다.

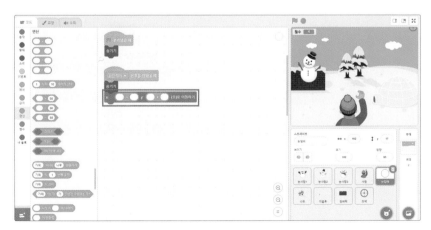

❸ [감지] 팔레트의 [무대▼ 의 배경 변호▼] 명령 블록을 'x:' 항목 ●─●의 왼쪽에 연결한 다음 '무대▼'를 클릭하여 '사람'과 'x좌표'로 변경하고 오른쪽 값에 '30'을 입력합니다. 이어서, [무대▼ 의 배경 변호▼] 명령 블록을 'y:' 항목 ●─●의 왼쪽에 연결한 다음 '무대▼'를 클릭하여 '사람'과 'y좌표'로 변경하고 오른쪽 값에 '60'을 입력합니다.

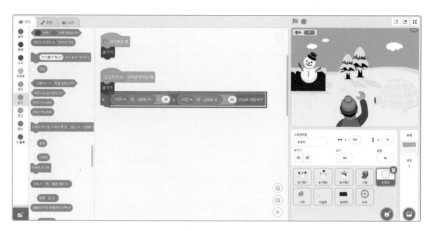

❹ [형태] 팔레트의 [보이기] 명령 블록을 연결한 다음 [맨 항목▼ 으로 순서 바꾸기] 명령 블록을 연결합니다.

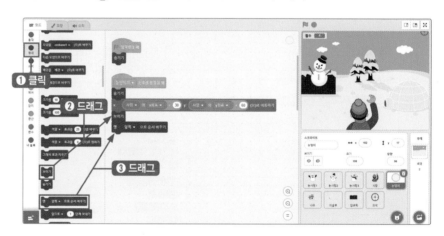

❺ [동작] 팔레트의 [1 초 동안 x -170 y 56 (으)로 이동하기] 명령 블록을 연결한 다음 값을 '0.5'초로 변경하고 [감지] 팔레트의 [무대▼ 의 배경 변호▼] 명령 블록을 'x:'에 연결한 다음 '무대▼'를 클릭하여 '과녁'과 'x좌표'로 변경합니다. 이어서, [무대▼ 의 배경 변호▼] 명령 블록을 'y:'에 연결한 다음 ▼를 클릭하여 '과녁'과 'y좌표'로 지정합니다.

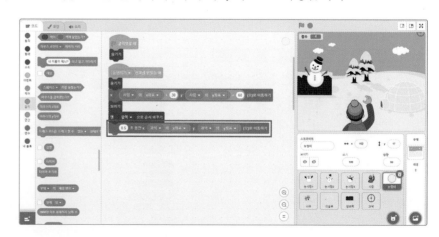

❻ [제어] 팔레트의 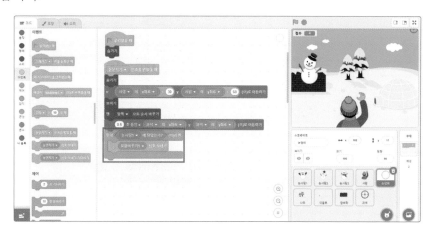 명령 블록을 연결하고 [감지] 팔레트의 ◁마우스 포인터 ▾ 에 닿았는가? 명령 블록을 연결한 다음 ▼를 클릭하여 '눈사람1'을 선택합니다. [이벤트] 팔레트의 ◁ 눈던지기 ▾ 신호보내기 명령 블록을 연결하고 ▼를 클릭하여 '모양바꾸기1'을 선택합니다.

❼ [제어] 팔레트의 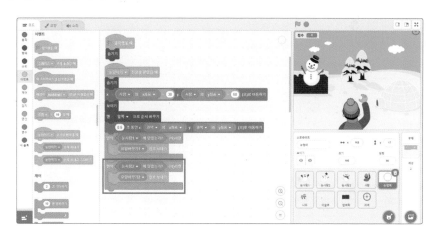 명령 블록을 연결합니다. 이어서, [감지] 팔레트의 ◁마우스 포인터 ▾ 에 닿았는가? 명령 블록을 연결하고 ▼를 클릭하여 '눈사람2'를 선택합니다. [이벤트] 팔레트의 ◁ 눈던지기 ▾ 신호보내기 명령 블록을 연결한 다음 ▼를 클릭하여 '모양바꾸기2'를 선택합니다.

❽ [제어] 팔레트의 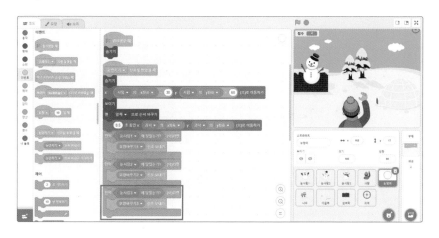 명령 블록을 연결하고 [감지] 팔레트의 ◁마우스 포인터 ▾ 에 닿았는가? 명령 블록을 연결한 다음 ▼를 클릭하여 '눈사람3'을 선택합니다. [이벤트] 팔레트의 ◁ 눈던지기 ▾ 신호보내기 명령 블록을 연결한 다음 ▼를 클릭하여 '모양바꾸기3'을 선택합니다.

❾ [제어] 팔레트의 명령 블록을 연결한 다음 값을 '0.1'로 변경하고 [형태] 팔레트의 🔲 명령 블록을 연결합니다.

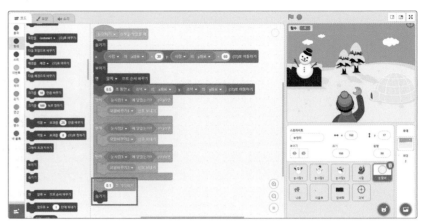

03 ▶ 마우스를 따라 다니는 과녁

❶ '과녁' 스프라이트를 선택한 다음 [이벤트] 팔레트의 🔲 명령 블록을 스크립트 영역에 드래그하고 [제어] 팔레트의 🔲 명령 블록을 연결합니다.

❷ [형태] 팔레트의 🔲 명령 블록을 연결한 다음 [동작] 팔레트의 🔲 명령 블록을 연결하고 ▼를 클릭하여 '마우스 포인터'를 선택합니다. 🏳를 클릭하여 프로그램을 실행합니다.

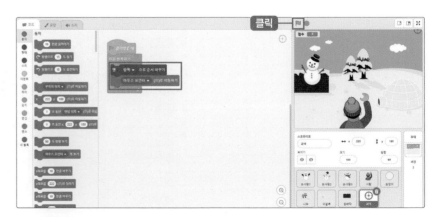

연습 문제

01 '눈덩이'가 '과녁'까지 날아가는 시간을 '1'초로 바꾸고 눈이 어떻게 날아가는지 살펴보세요.

02 '무대'에 다음 조건을 만족하도록 코딩해 보세요.

- 시간이 60초 이상이면 게임을 종료한다.
- 점수가 20점 이상이면 시간에 상관없이 게임을 종료한다.

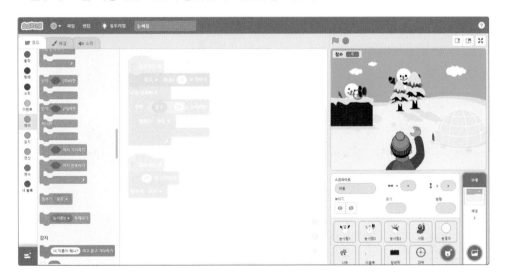

러시아워 ❶

내 자동차가 다른 차에 막혀 못나가고 있습니다. 자동차를 클릭할 때마다 앞쪽/위쪽 움직여 내 자동차가 밖으로 나올 수 있도록 만들고 연산 명령 블록을 이용하여 여러 개의 조건을 연결하는 방법에 대해서 알아보겠습니다.

학습목표

• 스프라이트를 클릭하면 비어있는 곳으로 이동할 수 있습니다.
• 다른 스프라이트와 부딪혔을 때의 조건을 처리할 수 있습니다.
• 연산 명령 블록을 이용하여 여러 개의 조건을 연결할 수 있습니다.

¤ **예제 파일** : 러시아워.sb3 ¤ **완성 파일** : 러시아워(완성).sb3
¤ **사용 방법** : 스프라이트 클릭(위/아래) 또는 (오른쪽/왼쪽) 이동

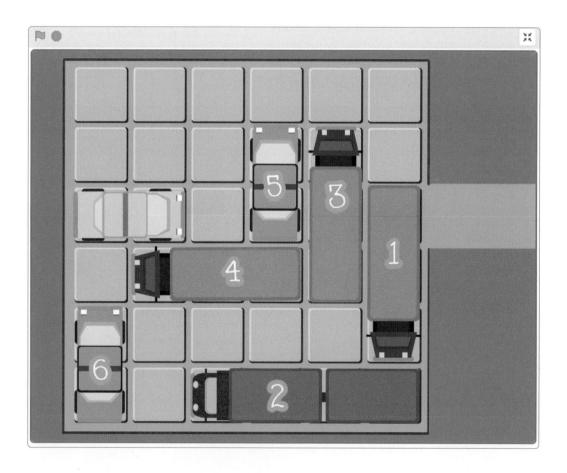

내 자동차의 왼쪽/오른쪽이 비어있는지 확인하기

❶ '내자동차' 스프라이트를 선택한 다음 [이벤트] 팔레트의 [클릭했을 때] 명령 블록을 스크립트 영역에 드래그하고 [동작] 팔레트의 x -146 y 29 (으)로 이동하기 명령 블록을 연결합니다.

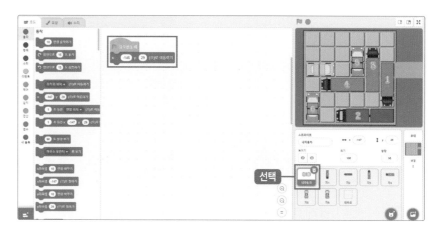

❷ [이벤트] 팔레트의 이 스프라이트를 클릭했을 때 명령 블록을 삽입하고 [동작] 팔레트의 x좌표를 10 만큼 바꾸기 명령 블록을 연결한 다음 값을 '56'으로 변경합니다.

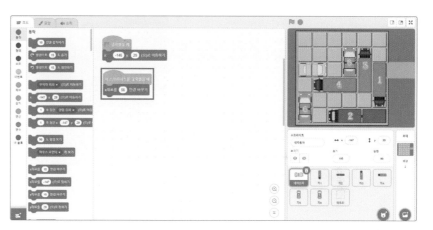

❸ [제어] 팔레트의 만약 (이)라면 명령 블록을 연결한 다음 [연산] 팔레트의 또는 명령 블록을 연결합니다. 이어서, 또는 명령 블록 오른쪽에 또는 명령 블록을 하나 더 연결합니다.

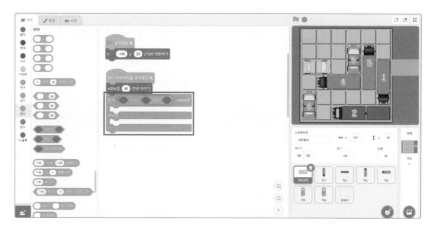

④ [감지] 팔레트의 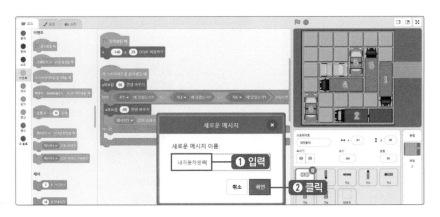을 에 모두 연결한 다음 ▼를 클릭하여 각각 '차1', '차3', '차5'로 선택합니다. [동작] 팔레트의 을 연결한 다음 값을 '-56'으로 변경합니다. [이벤트] 팔레트의 을 연결한 다음 ▼를 클릭하여 '새로운 메시지'를 선택합니다. [새로운 메시지] 대화상자가 나타나면 '내자동차왼쪽'을 입력한 다음 [확인]을 클릭합니다.

⑤ [이벤트] 팔레트의 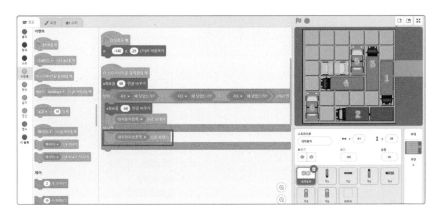 명령 블록을 연결한 다음 ▼를 클릭하여 '새로운 메시지'를 선택합니다. [새로운 메시지] 대화상자가 나타나면 '내자동차오른쪽'을 입력하고 [확인]을 클릭합니다.

02 '내자동차' 스프라이트를 오른쪽으로 이동하기

❶ [이벤트] 팔레트의 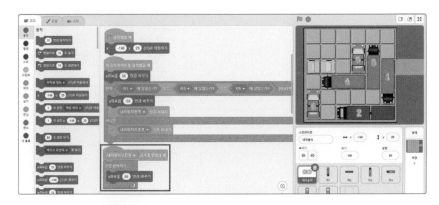을 삽입한 다음 ▼를 클릭하여 '내자동차오른쪽'을 선택하고 [제어] 팔레트의 을 연결합니다. [동작] 팔레트의 을 연결한 다음 값을 '56'으로 변경합니다.

❷ [제어] 팔레트의 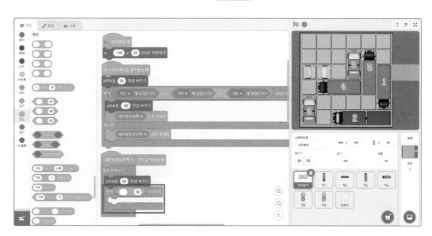 명령 블록을 연결한 다음 [연산] 팔레트의 ⬭ 50 명령 블록을 연결합니다.

❸ [동작] 팔레트의 x좌표 명령 블록을 ⬭ 50 명령 블록의 왼쪽에 연결하고 오른쪽에 '190'을 입력합니다. [제어] 팔레트의 멈추기 모두 명령 블록을 연결합니다.

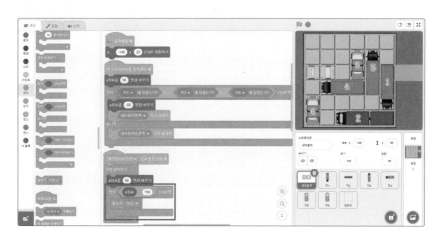

❹ [제어] 팔레트의 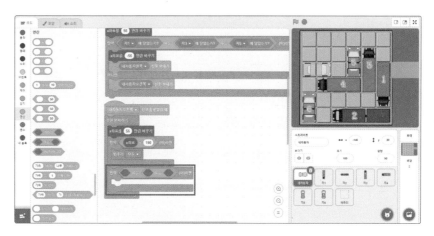 명령 블록을 연결한 다음 [연산] 팔레트의 ⬣ 또는 ⬣ 명령 블록을 연결하고 ⬣ 또는 ⬣ 명령 블록 오른쪽에 ⬣ 또는 ⬣ 명령 블록을 하나 더 연결합니다.

⑤ [감지] 팔레트의 <마우스 포인터 ▼ 에 달았는가?>를 < 또는 >에 모두 연결한 다음 ▼를 클릭하여 각각 '차1', '차3', '차5'로 선택합니다.

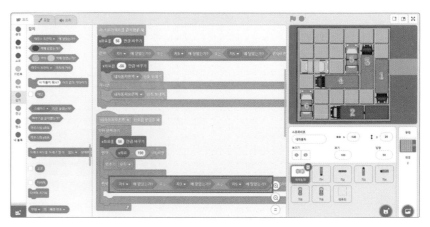

⑥ [동작] 팔레트의 x좌표를 10 만큼 바꾸기를 연결한 다음 값을 '-56'으로 변경하고 [제어] 팔레트의 멈추기 모두▼를 연결한 다음 ▼를 클릭하여 '이 스크립트'를 선택합니다.

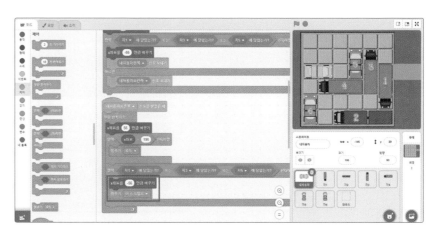

03 ▶ '내자동차' 스프라이트를 왼쪽으로 이동하기

① [이벤트] 팔레트의 메시지2 ▼ 신호를 받았을 때를 삽입한 다음 ▼를 클릭하여 '내자동차왼쪽'을 선택하고, [제어] 팔레트의 무한 반복하기를 연결합니다.

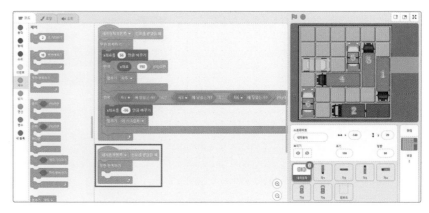

❷ [동작] 팔레트의 `x좌표를 10 만큼 바꾸기` 명령 블록을 연결한 다음 값을 '-56'으로 변경하고 [제어] 팔레트의 명령 블록을 연결합니다.

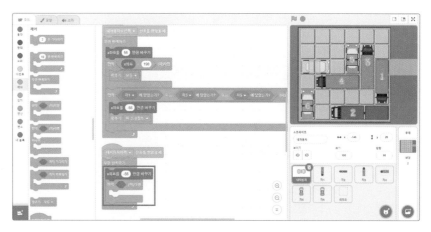

❸ [연산] 팔레트의 `◁ 또는 ▷` 명령 블록을 연결한 다음 `◁ 또는 ▷` 명령 블록의 왼쪽과 오른쪽에 `◁ 마우스 포인터 ▾ 에 닿았는가?` 명령 블록을 연결하고 '차6'과 '테두리'를 선택합니다.

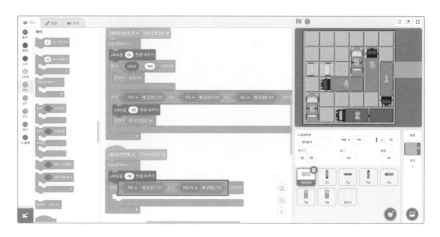

❹ [동작] 팔레트의 `x좌표를 10 만큼 바꾸기` 명령 블록을 연결한 다음 값을 '56'으로 변경합니다. [제어] 팔레트의 `멈추기 모두 ▾` 명령 블록을 연결한 다음 ▼를 클릭하여 '이 스크립트'를 선택합니다.

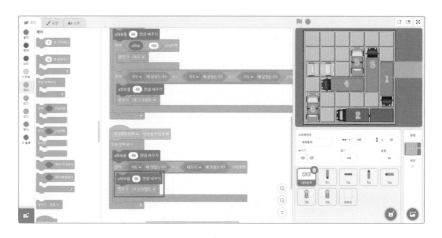

01 내 자동차가 왼쪽/오른쪽으로 이동했을 때 닿을 수 있는 스프라이트는 어떤 것들이 있는지 찾아보세요.

이동방향	차1	차2	차3	차4	차5	차6	테두리
왼쪽							
오른쪽							

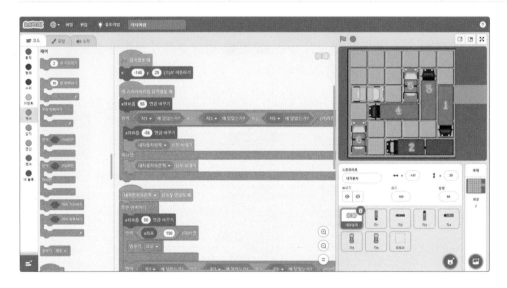

02 [무대]에 다음 조건을 만족하도록 코딩해 보세요.

- 시간이 60초 이상이면 게임을 종료한다.

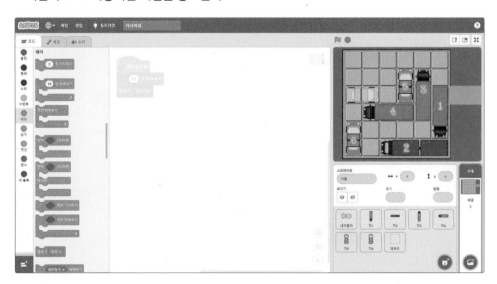

러시아워 ❷

내 자동차가 아닌 다른 자동차를 클릭했을 때 위/아래 또는 왼쪽/오른쪽으로
움직이는 방법에 대해 알아보겠습니다.

학습목표

• 스프라이트를 클릭하면 비어있는 곳으로 이동할 수 있습니다.
• 다른 스프라이트와 부딪혔을 때 위치를 이동시킬 수 있습니다.

¤ **예제 파일 :** 러시아워.sb3 ¤ **완성 파일 :** 러시아워(완성).sb3
¤ **사용 방법 :** 스프라이트 클릭(위/아래) 또는 (오른쪽/왼쪽) 이동

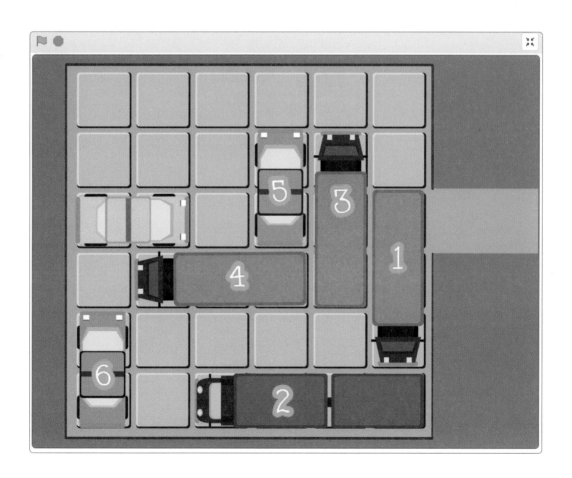

❶ '차1' 스프라이트를 선택한 다음 [이벤트] 팔레트의 클릭했을 때를 스크립트 영역에 드래그합니다. [동작] 팔레트의 x: 105 y: -26 (으)로 이동하기를 연결한 다음 [이벤트] 팔레트의 이 스프라이트를 클릭했을 때를 삽입합니다. [동작] 팔레트의 y좌표를 10 만큼 바꾸기를 연결한 다음 값을 '-56'으로 변경합니다.

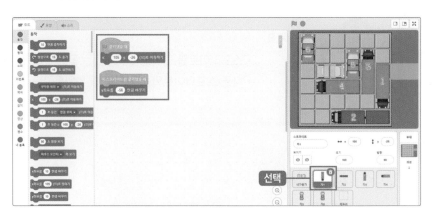

❷ [제어] 팔레트의 만약 ~(이)라면 아니면을 연결한 다음 [연산] 팔레트의 또는을 연결합니다. [감지] 팔레트의 마우스 포인터 ▼ 에 닿았는가?를 또는의 양쪽에 연결한 후 ▼를 클릭하여 '차2'와 '테두리'로 변경합니다.

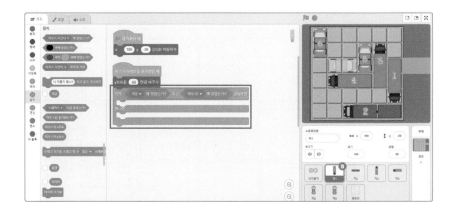

❸ [동작] 팔레트의 y좌표를 10 만큼 바꾸기를 연결한 다음 값을 '56'으로 변경합니다. [이벤트] 팔레트의 내자동차오른쪽 ▼ 신호 보내기를 연결한 다음 ▼를 클릭하여 '새로운 메시지'를 선택합니다. [새로운 메시지] 대화상자가 나타나면 '1번위로'를 입력해 1번위로 ▼ 신호 보내기를 만들고 동일한 방법으로 1번아래로 ▼ 신호 보내기도 만들어 연결합니다.

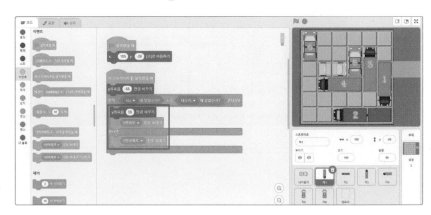

02 ▸ 위/아래로 움직이기

❶ [이벤트] 팔레트의 명령 블록을 삽입한 다음 ▼를 클릭하여 '1번위로'를 선택하고 [제어] 팔레트의 명령 블록을 연결합니다.

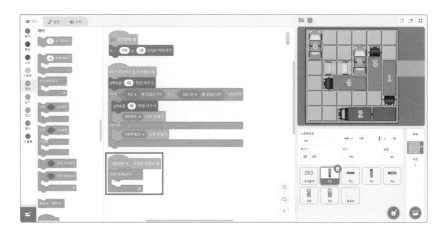

❷ [동작] 팔레트의 명령 블록을 연결한 다음 값을 '56'으로 변경하고 [제어] 팔레트의 명령 블록을 연결합니다.

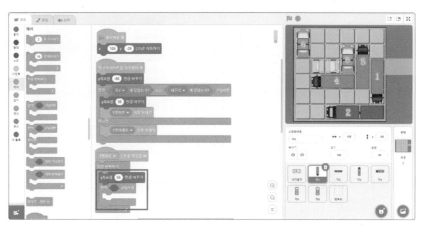

❸ [연산] 팔레트의 명령 블록을 연결하고 명령 블록의 왼쪽과 오른쪽에 [감지] 팔레트의 명령 블록을 연결합니다. 이어서, ▼를 클릭하여 '내자동차'와 '테두리'를 선택합니다.

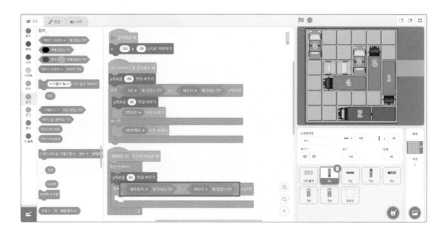

❹ [동작] 팔레트의 명령 블록을 연결한 다음 값을 '-56'으로 변경합니다. [제어] 팔레트의 명령 블록을 연결한 다음 ▼를 클릭하여 '이 스크립트'를 선택합니다.

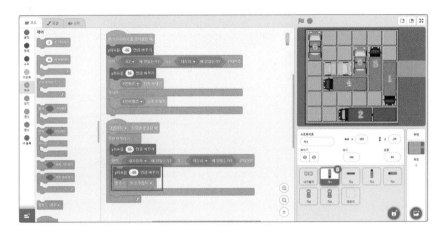

❺ [이벤트] 팔레트의 명령 블록을 삽입한 다음 ▼를 클릭하여 '1번아래로'를 선택하고 [제어] 팔레트의 명령 블록을 연결합니다.

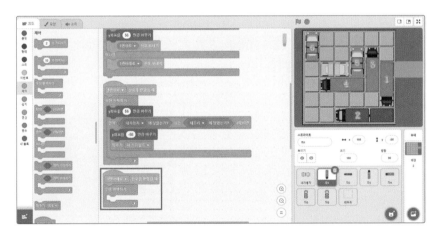

❻ [동작] 팔레트의 명령 블록을 연결한 다음 값을 '-56'으로 변경합니다. [제어] 팔레트의 명령 블록을 연결한 다음 [연산] 팔레트의 명령 블록을 연결하고 명령 블록의 왼쪽과 오른쪽에 [감지] 팔레트의 명령 블록을 연결합니다. 이어서, ▼를 클릭하여 '차2'와 '테두리'를 선택합니다.

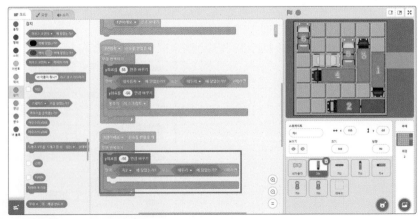

❼ [동작] 팔레트의 ■y좌표를 10 연결 바꾸기■ 명령 블록을 연결한 다음 값을 '56'으로 변경합니다. 이어서, [제어] 팔레트의 ■멈추기 모두▼■ 명령 블록을 연결한 다음 ▼를 클릭하여 '이 스크립트'를 선택합니다.

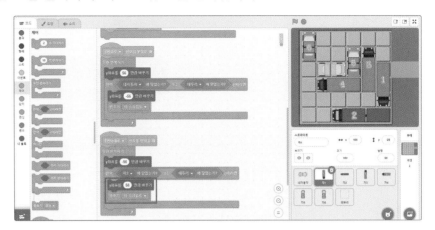

03 ▸ 왼쪽과 오른쪽으로 움직이는 자동차

❶ '차2' 스프라이트를 선택한 다음 [이벤트] 팔레트의 ■클릭했을 때■ 명령 블록을 스크립트 영역에 드래그합니다. 이어서, [동작] 팔레트의 ■x 21 y -137 (으)로 이동하기■ 명령 블록을 연결합니다.

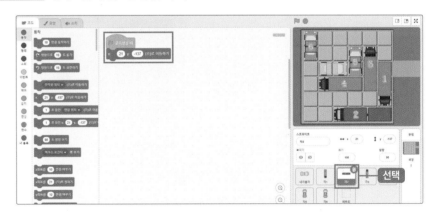

❷ [이벤트] 팔레트의 ■이 스프라이트를 클릭했을 때■ 명령 블록을 삽입한 다음 [동작] 팔레트의 ■x좌표를 10 만큼 바꾸기■ 명령 블록을 연결

하고 값을 '56'으로 변경합니다. 이어서, [제어] 팔레트의 ■멈추기■ 명령 블록을 연결합니다.

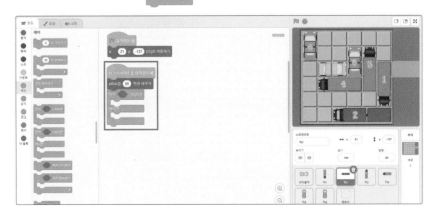

❸ [연산] 팔레트의 또는 명령 블록을 그림과 같이 2개를 연결한 다음 또는 명령 블록의 3개의 칸에 [감지] 팔레트의 마우스 포인터 ▾ 에 닿았는가? 명령 블록을 연결합니다. 이어서, ▼를 클릭하여 '차1', '차3', '테두리'를 선택합니다.

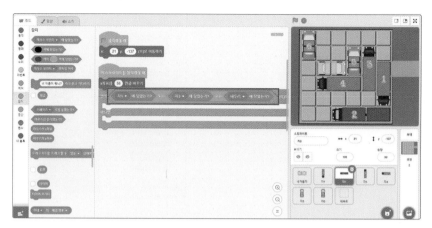

❹ [동작] 팔레트의 x좌표를 10 만큼 바꾸기 명령 블록을 연결한 다음 값을 '-56'으로 변경합니다. 이어서, [이벤트] 팔레트의 1번아래로 ▾ 신호 보내기 명령 블록을 연결한 다음 ▼를 클릭하여 '새로운 메시지'를 선택합니다. [새로운 메시지] 대화상자가 나타나면 '2번왼쪽'을 입력해 2번왼쪽 ▾ 신호 보내기 명령 블록을 만들고 동일한 방법으로 2번오른쪽 ▾ 신호 보내기 명령 블록도 만들어 연결합니다.

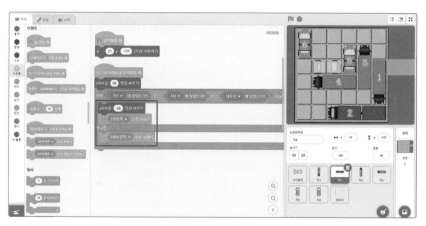

❺ [이벤트] 팔레트의 1번아래로 ▾ 신호를 받았을 때 명령 블록을 삽입한 다음 ▼를 클릭하여 '2번오른쪽'을 선택합니다. [제어] 팔레트의 무한 반복하기 명령 블록을 연결한 다음 [동작] 팔레트의 x좌표를 10 만큼 바꾸기 명령 블록을 연결해 값을 '56'으로 변경합니다. [제어] 팔레트의 1초 기다리기 명령 블록을 연결합니다.

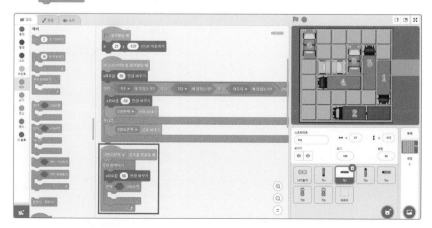

⑥ [연산] 팔레트의 ◁◁또는▷▷을 2개 연결하여 [감지] 팔레트의 ◁마우스포인터 ▼ 에 닿았는가?▷을 ◁ ▷또는◁ ▷의 3개의 칸에 연결한 다음 ▼를 클릭하여 각각 '차1', '차3', '테두리'를 선택합니다. [동작] 팔레트의 ◁x좌표를 ⑩ 만큼 바꾸기▷을 연결한 다음 값을 '-56'으로 변경합니다. [제어] 팔레트의 ◁멈추기 모두 ▼ ▷을 연결한 다음 ▼를 클릭하여 '이 스크립트'를 선택합니다.

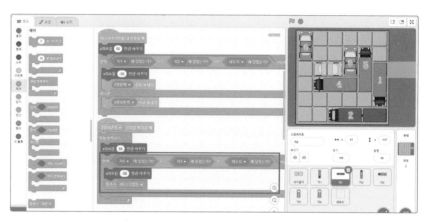

⑦ [이벤트] 팔레트의 ◁1번아래로 ▼ 신호를 받았을 때▷ 명령 블록을 삽입한 다음 ▼를 클릭하여 '2번왼쪽'을 선택합니다. 이어서, 그림과 같이 코딩합니다.

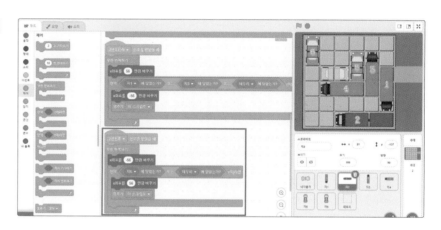

04 다른 차 코딩하기

① '차3' 스프라이트를 선택한 다음 그림과 같이 코딩합니다.

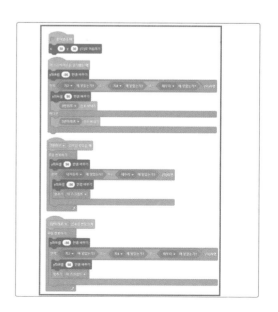

❷ '차4' 스프라이트를 선택한 다음 그림과 같이 코딩합니다.

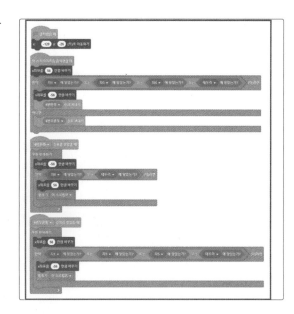

❸ '차5' 스프라이트를 선택한 다음 그림과 같이 코딩합니다.

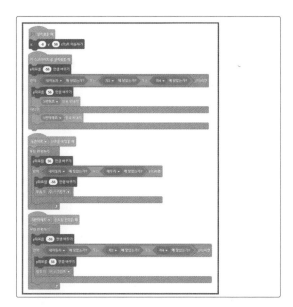

❹ '차6' 스프라이트를 선택한 다음 그림과 같이 코딩하고 ▶를 클릭해 게임을 실행합니다.

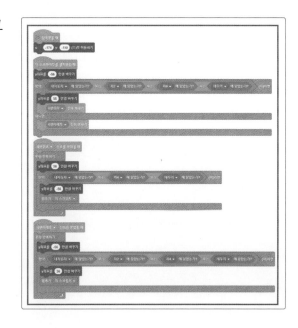

CHAPTER 20 연습 문제

01 '차1~차6' 스프라이트의 시작 위치를 다음과 같이 변경해 보세요.

스프라이트 이름	시작 위치	스프라이트 이름	시작 위치
차1 스프라이트	x : 105 y : 86	차4 스프라이트	x : 44 y : −24
차2 스프라이트	x : 21 y : −79	차5 스프라이트	x : −174 y : −110
차3 스프라이트	x : 50 y : 86	차6 스프라이트	x : −174 y : 110

02 위치를 바꿨을 때 '내자동차' 스프라이트가 어떤 스프라이트와 부딪히는 스프라이트를 찾아보세요.

이동방향	차1	차2	차3	차4	차5	차6	테두리
위로	○		○				
아래로					○	○	○

03 동일한 방법으로 '차1~차6' 스프라이트가 부딪힐 수 있는 스프라이트를 찾아보세요.

	이동방향	내자동차	차1	차2	차3	차4	차5	차6	테두리
차1	위로			○		○			○
차1	아래로								○
차2	위로						○		○
차2	아래로		○		○				○
차3	위로	내자동차							○
차3	아래로			○		○			○
차4	위로						○	○	○
차4	아래로		○		○				○
차5	위로	내자동차				○		○	○
차5	아래로			○					○
차6	위로								○
차6	아래로	내자동차				○	○		

04 위에서 확인 값을 이용해 '내자동차' 스프라이트와 '차1~차6' 스프라이트의 '만약~라면' 블록의 조건을 바꿔보세요.

우주여행 ❶

복제 명령 블록을 이용하여 하나의 스프라이트를 여러 개 복제하는 방법에 대해 알아보고 복제되었을 때 다양한 위치에서 우주선 스프라이트를 향해 날아오도록 코딩하는 방법에 대해 알아보겠습니다.

학습목표

- 하나의 스프라이트를 여러 개 복제할 수 있습니다.
- 난수와 결합하기 명령 블록을 이용하여 임의의 스프라이트를 복제할 수 있습니다.

¤ **예제 파일 :** 우주여행.sb3 ¤ **완성 파일 :** 우주여행(완성).sb3

¤ **사용 방법 :** 마우스를 드래그하여 우주선이 유성에 부딪치지 않도록 조정하는 게임입니다

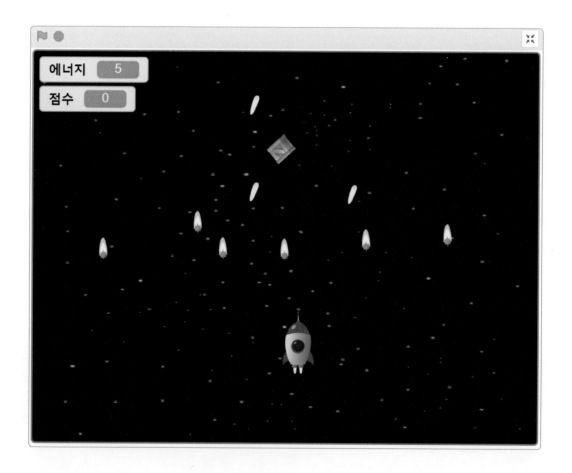

01 게임 준비하기

① [무대]를 선택한 다음 [이벤트] 팔레트의 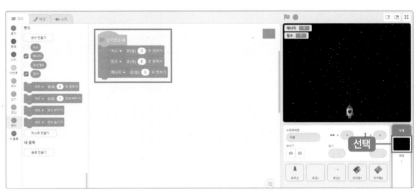을 스크립트 영역에 드래그합니다. [변수] 팔레트의 을 연결하고 값을 '3'으로 변경합니다. 이어서, 을 연결하여 그림과 같이 코딩합니다.

② [이벤트] 팔레트의 을 연결한 다음 ▼를 클릭하여 '새로운 메시지'를 선택하고 '유성표시'를 입력합니다. 이어서, [이벤트] 팔레트의 을 연결한 다음 ▼를 클릭하여 '새로운 메시지'를 선택하고 '아이템표시'를 입력합니다.

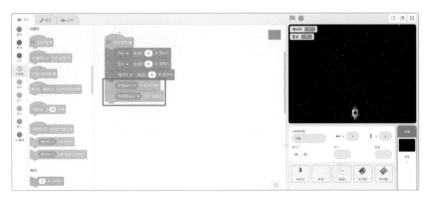

02 아이템과 유성을 표시하기

① [이벤트] 팔레트의 을 삽입한 다음 ▼를 클릭하여 '아이템표시'를 선택하고, [제어] 팔레트의 을 연결합니다.

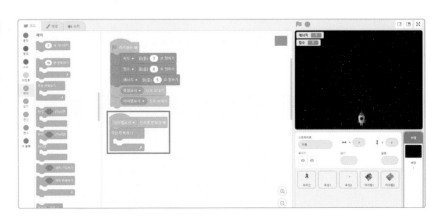

❷ [제어] 팔레트의 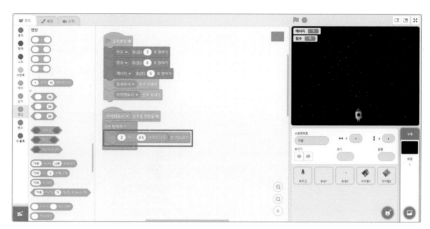 명령 블록을 연결한 다음 [연산] 팔레트의 명령 블록을 연결해 값을 '2', '4.5'로 변경합니다.

❸ [이벤트] 팔레트의 명령 블록을 연결한 다음 [연산] 팔레트의 명령 블록을 연결합니다. 명령 블록 왼쪽에 '아이템'을 입력한 다음 오른쪽에 [연산] 팔레트의 명령 블록을 연결하고 값을 '1', '2'로 변경합니다.

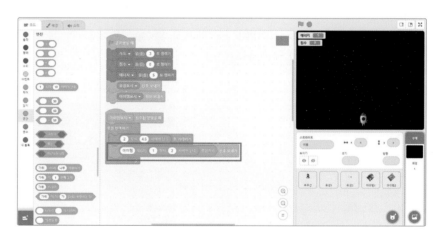

❹ [이벤트] 팔레트의 명령 블록을 삽입한 다음 ▼를 클릭하여 '유성표시'를 선택하고 [제어] 팔레트의 명령 블록을 연결합니다.

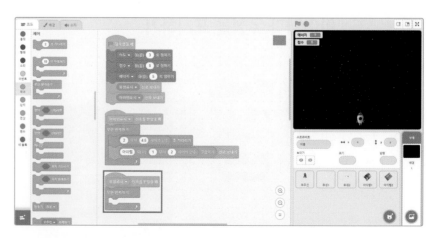

❺ [제어] 팔레트의 ⬚ 명령 블록을 연결한 다음 ⬚ 명령 블록을 연결합니다.

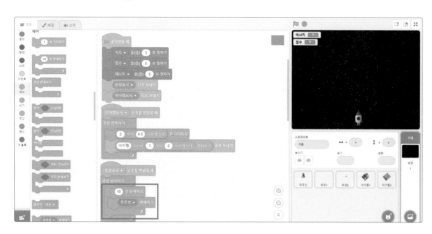

❻ [연산] 팔레트의 ⬚ 명령 블록을 연결한 다음 왼쪽에 '유성'을 입력하고 오른쪽에 [연산] 팔레트의 ⬚ 명령 블록을 연결합니다. 이어서, 값을 '1', '2'로 변경합니다.

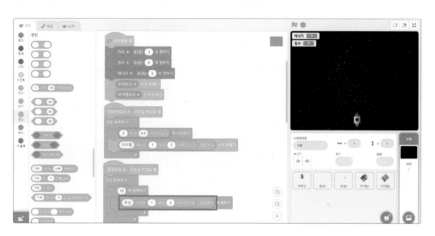

❼ [제어] 팔레트의 ⬚ 명령 블록을 연결한 다음 [연산] 팔레트의 ⬚ 명령 블록을 연결하고 값을 '2.5', '5'로 변경합니다.

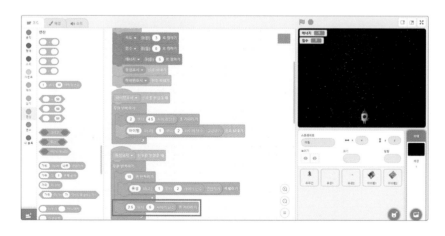

03 점수에 따라 유성이 떨어지는 속도 바꾸기

❶ [이벤트] 팔레트의 ▨▨▨▨ 명령 블록을 삽입한 다음 ▼를 클릭하여 '새로운 메시지'를 선택하고 '점수확인'을 입력합니다. 이어서, [제어] 팔레트의 ▨▨▨ 명령 블록을 연결합니다.

❷ [연산] 팔레트의 ◁▷▷◁ 50 명령 블록을 연결한 다음 [변수] 팔레트의 점수 명령 블록을 ◁▷◁ 50 명령 블록 왼쪽에 연결하고 오른쪽에 '200'을 입력합니다.

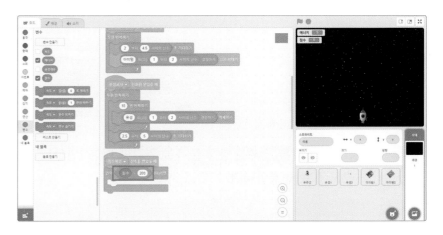

❸ [변수] 팔레트의 ▨▨▨▨▨ 명령 블록을 연결한 다음 값에 '11'을 입력하고 [제어] 팔레트의 ▨▨▨ 명령 블록을 연결한 다음 ▼를 클릭해 '이 스크립트'를 선택합니다.

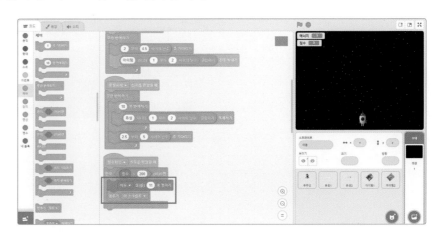

④ 동일한 방법으로 다음 그림과 같이 다음 점수와 속도를 지정합니다.

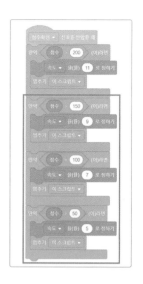

04 우주선 코딩하기

① '우주선' 스프라이트를 선택한 다음 [이벤트] 팔레트의 █을 스크립트 영역에 드래그합니다. [형태]
팔레트의 █크기를 100 %로정하기█을 연결한 다음 값을 '30'으로 변경합니다. [제어] 팔레트의 █무한반복하기█을 연결한 다음
[동작] 팔레트의 █무작위위치 ▼ (으)로이동하기█을 연결한 후 ▼를 클릭하여 '마우스 포인터'를 선택합니다.

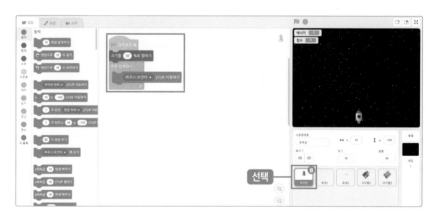

② [제어] 팔레트의 █만약 █(이)라면█을 연결한 다음 [감지] 팔레트의 █마우스포인터 ▼ 에닿았는가?█을 연결합니다. 이어서, ▼를
클릭하여 '아이템1'을 선택합니다.

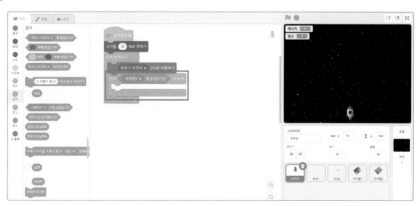

❸ [이벤트] 팔레트의 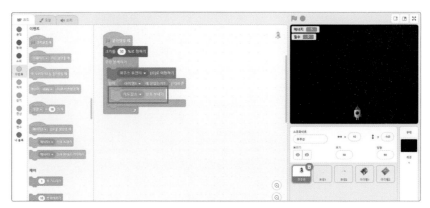을 연결한 다음 ▼를 클릭하여 '새로운 메시지'를 선택하고 '속도감소'를
입력합니다.

❹ [제어] 팔레트의 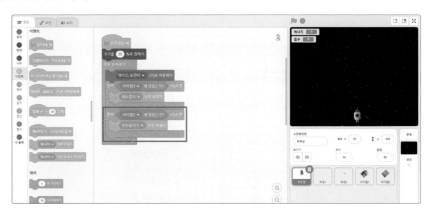을 연결한 다음 [감지] 팔레트의 을 연결합니다. 이어서, ▼를
클릭하여 '아이템2'를 선택합니다. [이벤트] 팔레트의 을 연결한 다음 ▼를 클릭하여 '새로운
메시지'를 선택하고 '모두숨기기'를 입력합니다.

❶ [이벤트] 팔레트의 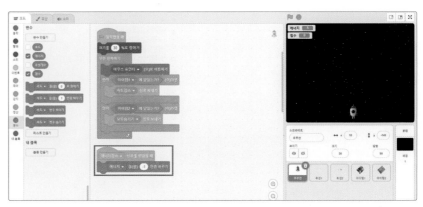을 삽입한 다음 ▼를 클릭하여 '새로운 메시지'를 선택하고 '에너지감소'
를 입력합니다. [변수] 팔레트의 을 연결한 다음 ▼를 클릭하여 '에너지'를 선택하고 값을
'-1'로 변경합니다.

❷ [제어] 팔레트의 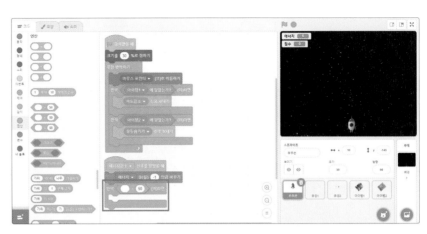 명령 블록을 연결한 다음 [연산] 팔레트의 ◯◯50 명령 블록을 연결합니다.

❸ [변수] 팔레트의 에너지 명령 블록을 ◯◯50 명령 블록의 왼쪽에 연결하고 오른쪽에 '1'을 입력합니다.
[제어] 팔레트의 멈추기 모두 명령 블록을 연결합니다.

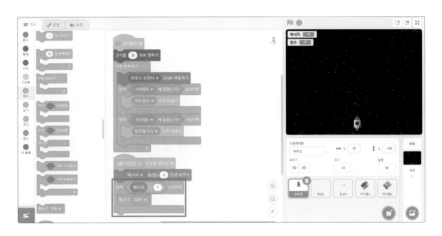

❹ [제어] 팔레트의 10 번 반복하기 명령 블록을 연결하고 값을 '5'로 변경한 후 [형태] 팔레트의 색깔 효과를 25 만큼 바꾸기
명령 블록과 색깔 효과를 0 (으)로 정하기 명령 블록을 연결합니다. [형태] 팔레트의 안녕! 을(를) 2 초 동안 말하기 명령 블록을
연결한 다음 '유성과충돌했다!'와 '0.5'로 변경합니다.

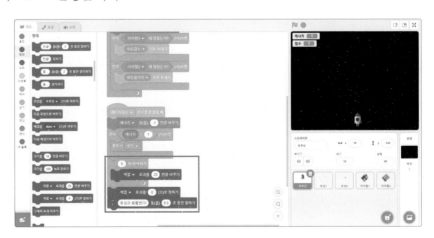

01 '우주선' 스프라이트를 선택한 다음 '아이템2' 스프라이트에 닿으면 에너지를 '1'만큼 늘어나도록 코딩해 보세요.

02 에너지가 '5' 이상이면 '아이템2'에 닿아도 '에너지' 변수의 값이 증가하지 않도록 코딩해 보세요.

> **TIP** '5'이상은 '5'보다 크거나 같다는 것을 말하며, '5'이상이면 '아이템2' 스프라이트에 닿아도 에너지 변수의 값이 증가하지 않으므로, '5'보다 작을 때만 '에너지' 변수의 값을 증가되도록 코딩합니다.

CHAPTER

22

우주여행 ❷

복제 명령 블록으로 스프라이트를 복제했을 때 임의의 위치에 표시하는 방법에
대해 알아보고 복제된 스프라이트 방향을 우주선 스프라이트를 바라보도록 바꾼
다음 움직이는 방법에 대해 알아보겠습니다.

학습목표 ···

• 스프라이트가 복제될 때마다 임의의 위치에 표시되도록 할 수 있습니다.
• 복제된 스프라이트마다 다른 방향을 지정할 수 있습니다.

¤ **예제 파일 :** 우주여행.sb3   ¤ **완성 파일 :** 우주여행(완성).sb3

¤ **사용 방법 :** 마우스를 드래그하여 우주선이 유성에 부딪치지 않도록 조정하는 게임입니다

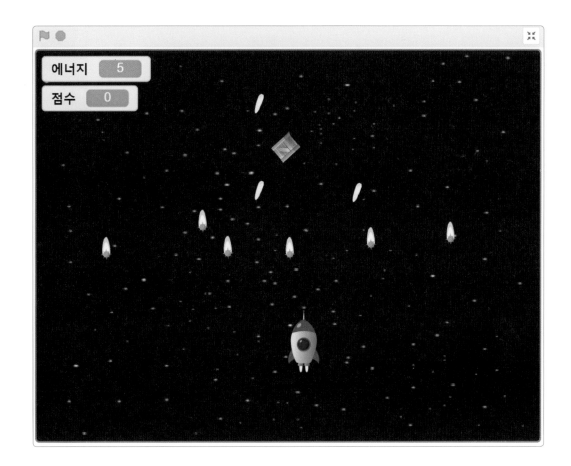

우주선을 향해 날아오는 유성

① '유성1' 스프라이트를 선택한 다음 [이벤트] 팔레트의 을 스크립트 영역에 드래그합니다. [형태] 팔레트의 크기를 100 %로 정하기 을 연결한 다음 값을 '10'으로 변경합니다.

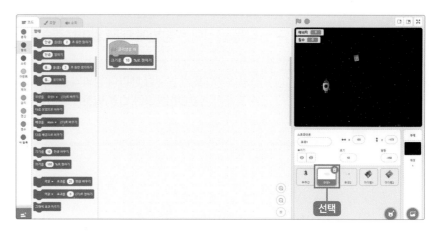

② [제어] 팔레트의 복제되었을 때 을 삽입한 다음 [동작] 팔레트의 x -33 y 165 (으)로 이동하기 을 연결합니다. [연산] 팔레트의 1 부터 10 사이의 난수 을 'x:' 항목에 연결한 다음 값을 '-220', '220'으로 변경하고 'y:' 항목의 값을 '165'로 변경합니다.

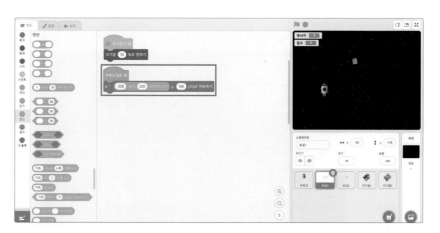

③ [동작] 팔레트의 마우스 포인터 ▼ 쪽 보기 을 연결한 다음 ▼를 클릭하여 '우주선'을 선택하고, [형태] 팔레트의 보이기 을 연결합니다.

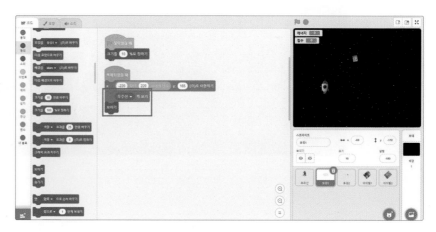

❹ [제어] 팔레트의 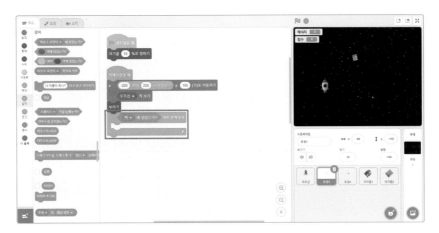 명령 블록을 연결하고 [감지] 팔레트의 명령 블록을 연결한 다음 ▼를 클릭하여 '벽'을 선택합니다.

❺ [동작] 팔레트의 명령 블록을 연결한 다음 [변수] 팔레트의 명령 블록을 연결합니다.

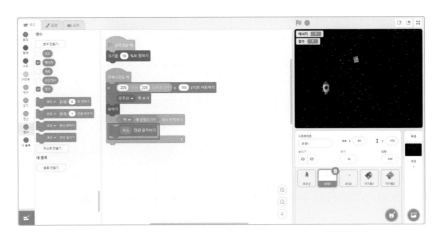

❻ [제어] 팔레트의 명령 블록을 연결하고 [감지] 팔레트의 명령 블록을 연결한 다음 ▼를 클릭하여 '우주선'을 선택합니다.

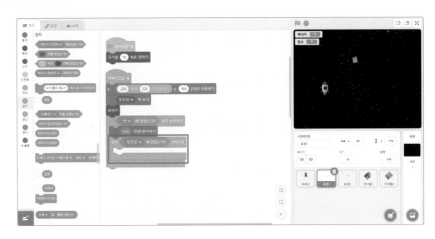

❼ [이벤트] 팔레트의 [모두숨기기 ▼ 신호 보내기] 명령 블록을 연결한 다음 ▼를 클릭하여 '에너지감소'를 선택합니다. [형태] 팔레트의 [숨기기] 명령 블록을 연결한 다음 [제어] 팔레트의 [이 복제본 삭제하기] 명령 블록을 연결합니다.

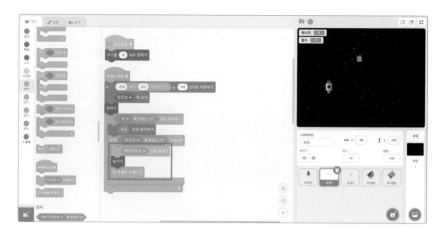

❽ [변수] 팔레트의 [속도 ▼ 을(를) 0 로 정하기] 명령 블록을 연결한 다음 ▼를 클릭하여 '점수'를 선택하고 [이벤트] 팔레트의 [모두숨기기 ▼ 신호 보내기] 명령 블록을 연결한 다음 ▼를 클릭하여 '점수확인'을 선택합니다. [형태] 팔레트 의 [숨기기] 명령 블록을 연결한 다음 [제어] 팔레트의 [이 복제본 삭제하기] 명령 블록을 연결합니다.

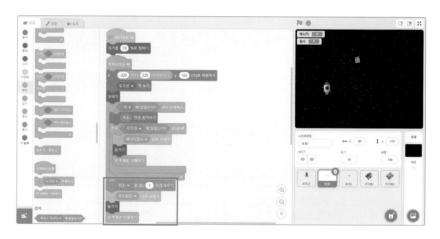

❾ [이벤트] 팔레트의 [모두숨기기 ▼ 신호을 받았을때] 명령 블록을 삽입한 다음 [변수] 팔레트의 [속도 ▼ 을(를) 1 만큼 바꾸기] 명령 블록을 연결하고 ▼를 클릭하여 '점수'를 선택합니다. [이벤트] 팔레트의 [모두숨기기 ▼ 신호 보내기] 명령 블록을 연결한 다음 ▼를 클릭하여 '점수확인'을 선택합니다. [형태] 팔레트의 [숨기기] 명령 블록을 연결한 다음 [제어] 팔레트의 [이 복제본 삭제하기] 명령 블록을 연결합니다.

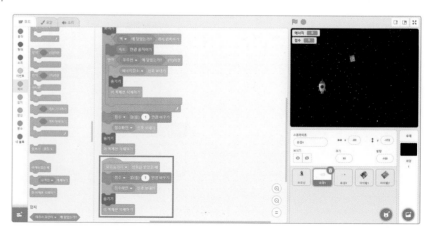

위에서 아래로 내려오는 유성

❶ '유성1'의 모든 코딩 내용을 '유성2'로 드래그하여 복사합니다.

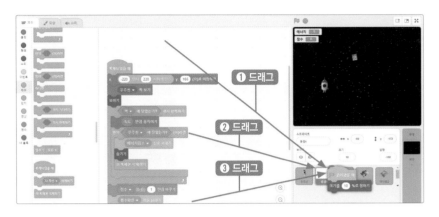

❷ '유성2' 스프라이트를 선택한 다음 복사된 블록을 '블록 정리하기'로 정렬한 후, 크기 값을 '20'으로 변경하고 ' 우주선 ▼ 쪽 보기 ' 명령 블록을 분리시킵니다.

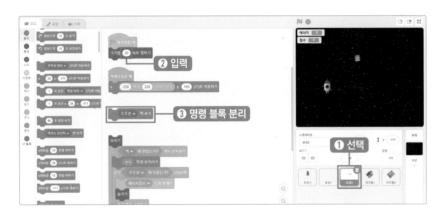

TIP
'유성1'은 우주선 ▼ 쪽 보기 명령 블록이 있기 때문에 우주선 방향으로 떨어지지만 '유성2'는 별다른 명령문이 없기 때문에 수직 (아래) 방향으로만 떨어집니다.

❸ 분리된 우주선 ▼ 쪽 보기 명령 블록을 삭제한 후 보이기 명령 블록을 연결합니다.

❶ '아이템1' 스프라이트를 선택한 다음 [이벤트] 팔레트의 █████을 스크립트 영역에 드래그합니다. [형태] 팔레트의 █████을 연결한 다음 값을 '50'으로 변경합니다.

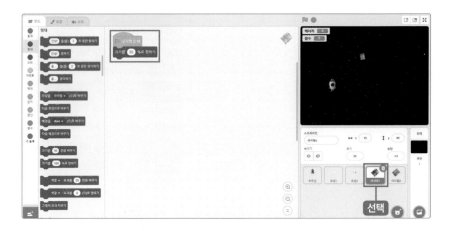

❷ [제어] 팔레트의 █████을 연결한 다음 [동작] 팔레트의 █████을 연결하고 [제어] 팔레트의 █████을 연결합니다. [감지] 팔레트의 █████을 연결한 다음 ▼를 클릭하여 '우주선'을 선택합니다.

❸ [제어] 팔레트의 █████을 연결한 다음 값을 '0.1'로 변경합니다. [형태] 팔레트의 █████을 연결합니다.

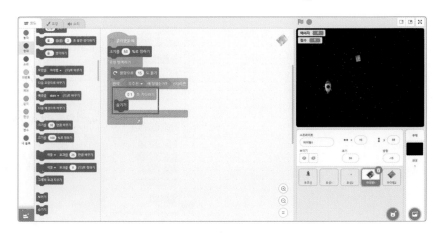

④ [이벤트] 팔레트의 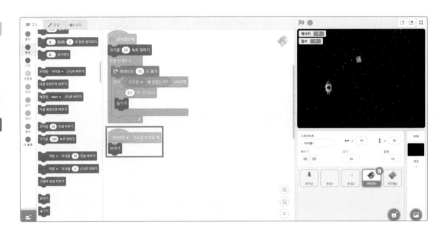 명령 블록을 삽입한 다음 ▼ 를 클릭하여 '새로운 메시지' 를 선택하고 '아이템1'을 입력 합니다. [형태] 팔레트의 명령 블록을 연결합니다.

⑤ [동작] 팔레트의 명령 블록을 연결한 다음 [연산] 팔레트의 명령 블록을 'x:' 항목에 연결하고 값 을 '-100', '100'으로 변경합니다. 동일한 방법으로 명령 블록을 'y:' 항목에 연결한 다음 값을 '-100', '100'으로 변경 합니다.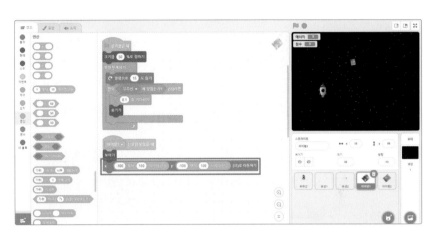

⑥ [제어] 팔레트의 명 령 블록을 연결한 다음 [형태] 팔레트의 명령 블록을 연 결합니다. [이벤트] 팔레트의 명령 블록을 삽 입한 다음 '속도감소'를 선택합 니다. 이어서, [제어] 팔레트의 명령 블록을 연결합 니다.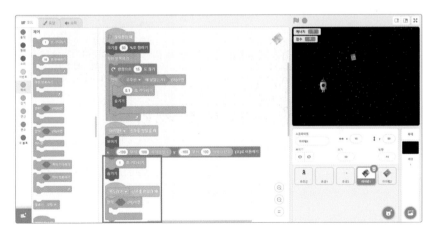

⑦ [연산] 팔레트의 명령 블록을 연결한 다음 [변수] 팔레트의 명령 블록을 명령 블록 왼쪽에 연결하고 오른쪽 값에 '3'을 입력합니다.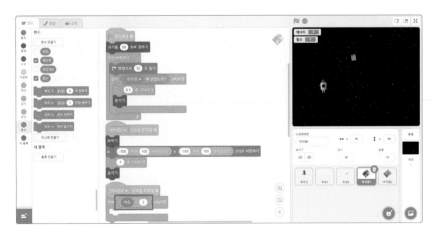

⑧ [변수] 팔레트의 을 연결한 다음 값을 '-2'로 변경합니다. [제어] 팔레트의 █ █ 기다리기 을 연결하고 값을 '3'으로 변경합니다. [변수] 팔레트의 █ █ 만큼 바꾸기 을 연결하고 값을 '2'로 변경합니다.

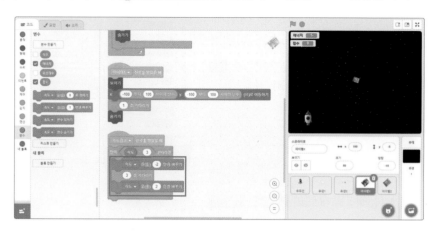

04 ▶ 유성을 모두 숨기는 아이템

① '아이템2' 스프라이트를 선택한 다음 [이벤트] 팔레트의 █ 클릭했을때 을 스크립트 영역에 드래그합니다. [형태] 팔레트의 크기를 ⑩ %로 정하기 을 연결하고 값을 '50'으로 변경합니다. [제어] 팔레트의 █ 무한 반복하기 을 연결합니다.

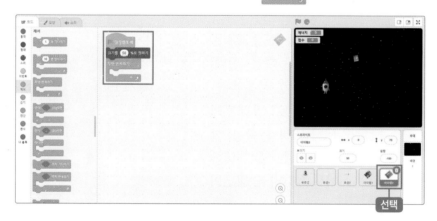

② [동작] 팔레트의 █ 방향으로 ⑮ 도 돌기 을 연결한 다음 [제어] 팔레트의 █ (이)라면 을 연결합니다. [감지] 팔레트의 ◆ 마우스 포인터 ▼ 에 닿았는가? 을 연결한 다음 ▼를 클릭하여 '우주선'을 선택합니다.

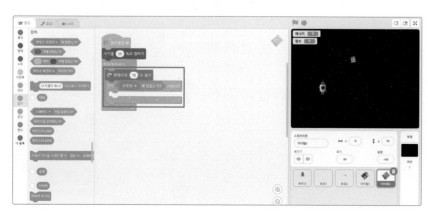

❸ [제어] 팔레트의 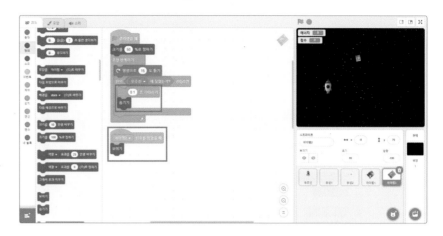 명령 블록을 연결한 다음 값을 '0.1'로 변경합니다. [형태] 팔레트의 ▨ 명령 블록을 연결합니다. [이벤트] 팔레트의 ▨ 명령 블록을 삽입한 다음 ▼를 클릭하여 '새로운 메시지'를 선택하고 '아이템2'를 입력합니다. [형태] 팔레트의 ▨ 명령 블록을 연결합니다.

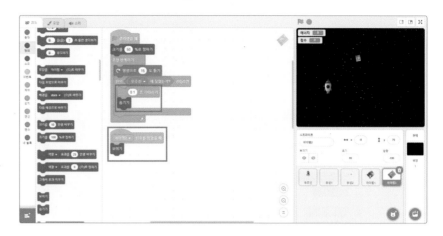

❹ [동작] 팔레트의 ▨ 명령 블록을 연결한 다음 [연산] 팔레트의 ▨ 명령 블록을 'x:' 항목에 연결하고 값을 '-100', '100'으로 변경합니다. 이어서 ▨ 명령 블록을 'y:' 항목에 연결한 다음 값을 '-100', '100'으로 변경합니다.

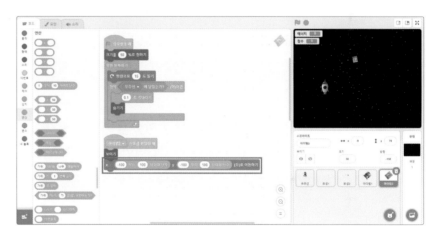

❺ [제어] 팔레트의 ▨ 명령 블록을 연결한 다음 [형태] 팔레트의 ▨ 명령 블록을 연결합니다. ▨를 클릭하여 게임을 실행합니다.

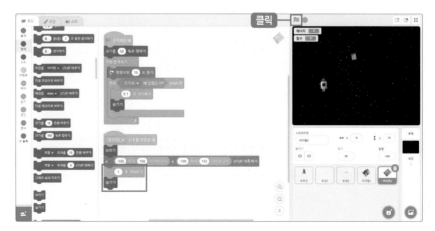

01 '아이템1' 스프라이트가 계속해서 15씩 왼쪽으로 회전할 수 있도록 코딩해 보세요.

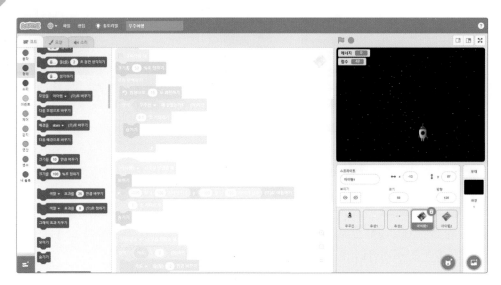

TIP

무한 반복에 왼쪽으로 15도 회전하기 명령 블록을 추가하면 화면에 보이는 것과 상관없이 15도씩 계속해서 회전을 하게 됩니다. 따라서 '아이템1'을 받아 화면에 표시되면 회전하는 것처럼 보이게 됩니다.

02 [무대]를 선택해 다음과 같이 코딩을 바꾸고 어떤 변화가 있는지 살펴보세요. 마우스 오른쪽 단추를 눌러 '유성 개수' 변수명을 '임시'로 변경하여 코딩해 보세요.

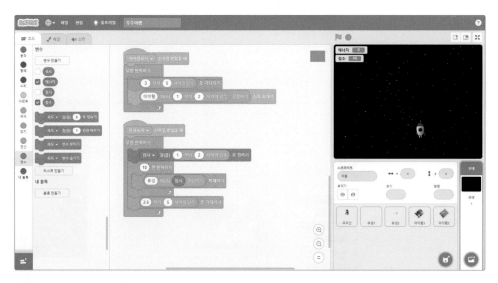

TIP

'임시' 변수는 1과 2중 하나의 값을 갖게 되며, 이를 이용해 '유성'과 결합하므로, 한 가지 종류의 유성만 10번 복제된다. 따라서 같은 종류의 유성이 10개 나타난 후 사라지게 됩니다.

헤드축구 ❶

머리와 몸을 다른 스프라이트로 만들고 머리가 이동하면 몸이 따라 움직이는 방법을 알아보겠습니다. 그리고 '축구공' 스프라이트가 '공격수머리'나 '공격수몸' 등의 스프라이트에 부딪혔을 때 다양한 방향으로 튕길 수 있도록 코딩해 보겠습니다.

학습목표

• '축구공' 스프라이트가 벽에 닿으면 튕길 수 있습니다.
• '공격수머리' 스프라이트의 위치에 따라 '공격수몸' 스프라이트가 이동할 수 있습니다.

¤ **예제 파일 :** 헤드축구.sb3 ¤ **완성 파일 :** 헤드축구(완성).sb3

¤ **사용 방법 :** 축구공으로 상대편 골대에 넣을 수 있도록 몸을 움직이고(→, ←), 헤딩(**Space Bar**)을 하는 게임입니다.

키보드를 누르면 움직이는 공격수

❶ '공격수머리' 스프라이트를 선택한 다음 [이벤트] 팔레트의 을 스크립트 영역에 드래그합니다. [동작] 팔레트의 x -256 y -130 (으)로 이동하기 을 연결한 다음 값에 '-160', '-130'을 입력하고 [제어] 팔레트의 무한 반복하기 을 연결합니다.

❷ [제어] 팔레트의 만약 ~(이)라면 을 연결한 다음 [감지] 팔레트의 스페이스 ▾ 키를 눌렀는가? 을 연결합니다. [제어] 팔레트의 10 번 반복하기 을 연결한 다음 값을 '7'로 변경하고 [동작] 팔레트의 y좌표를 10 만큼 바꾸기 을 연결합니다.

❸ [제어] 팔레트의 10 번 반복하기 을 연결한 다음 값을 '7'로 변경하고 [동작] 팔레트의 y좌표를 10 만큼 바꾸기 을 연결한 다음 값은 '-10'으로 변경합니다.

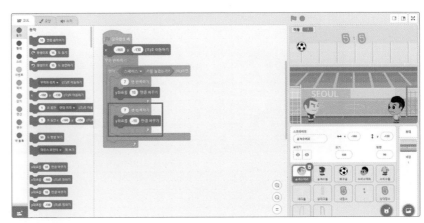

❹ [제어] 팔레트의 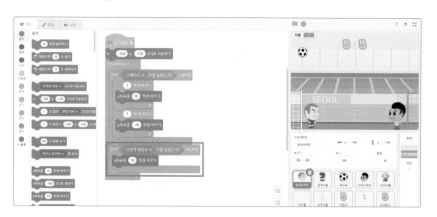을 연결한 다음 [감지] 팔레트의 ⟨ 스페이스 ▼ 키를 눌렀는가? ⟩을 연결하고 ▼를 클릭하여 '오른쪽 화살표'를 선택합니다. [동작] 팔레트의 x좌표를 10 만큼 바꾸기 을 연결합니다.

❺ [제어] 팔레트의 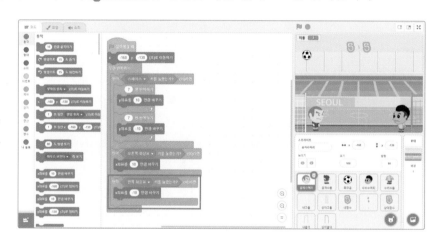을 연결한 다음 [감지] 팔레트의 ⟨ 스페이스 ▼ 키를 눌렀는가? ⟩을 연결하고 ▼를 클릭하여 '왼쪽 화살표'를 선택합니다. [동작] 팔레트의 x좌표를 10 만큼 바꾸기 을 연결한 다음 값에 '-10'을 입력합니다.

> **TIP**
> 이렇게 코딩하면 키보드의
> Space Bar 키나 → 키, ← 키 등
> 을 눌렀을 때 '공격수머리'
> 스프라이트가 움직이게 됩
> 니다.

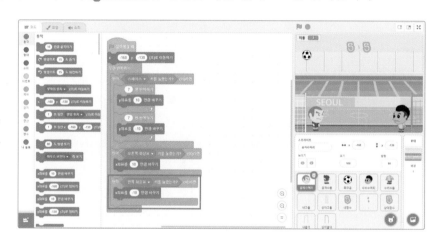

02 ▶ 공격수머리를 따라다니는 공격수몸

❶ '공격수몸' 스프라이트를 선택한 다음 [이벤트] 팔레트의 클릭되었을 때 을 스크립트 영역에 드래그합니다. 이어서, [제어] 팔레트의 무한 반복하기 을 연결합니다.

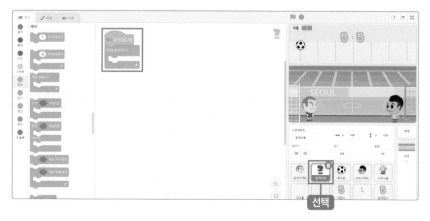

❷ [동작] 팔레트의 x -240 y -130 (으)로 이동하기 을 연결한 다음 [감지] 팔레트의 무대 ▾ 의 배경 변호 ▾ 을 'x:'에 연결한 다음 ▾를 클릭하여 '공격수머리'와 'x좌표'를 선택합니다. 동일한 방법으로 'y:'에 무대 ▾ 의 배경 번호 ▾ 을 연결하고 공격수머리 ▾ 의 y좌표 ▾ 로 변경합니다.

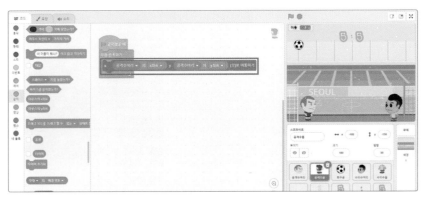

03 ▸ 이리저리 튀는 축구공

❶ '축구공' 스프라이트를 선택한 다음 [이벤트] 팔레트의 클릭했을 때 을 스크립트 영역에 드래그하고 메시지1 ▾ 신호 보내기 을 연결합니다. 이어서, ▾를 클릭하여 '새로운 메시지'를 선택한 후 '게임준비'를 입력하고 [확인]을 클릭합니다.

❷ [이벤트] 팔레트의 메시지1 ▾ 신호를 받았을 때 을 삽입한 다음 ▾를 클릭하여 '게임준비'를 선택합니다. [동작] 팔레트의 x -113 y 24 (으)로 이동하기 을 연결하고 값을 '0', '0'으로 변경합니다. 이어서, 방향으로 15 도 돌기 을 연결한 다음 [연산] 팔레트의 1 부터 10 사이의 난수 을 연결하고 값을 '0', '360'으로 변경합니다.

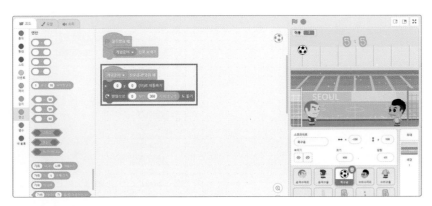

❸ [제어] 팔레트의 조기다리기 명령 블록을 연결한 다음 무한 반복하기 명령 블록을 연결합니다. [동작] 팔레트의
🔟 만큼 움직이기 명령 블록과 벽에 닿으면 튕기기 명령 블록을 연결합니다.

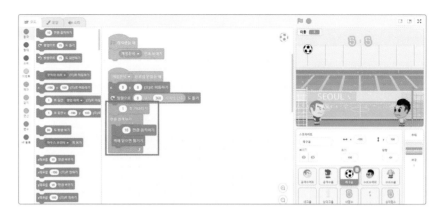

04 축구공이 공격수, 수비수, 골대에 맞으면 튕기기

❶ [이벤트] 팔레트의 메시지1 ▼ 신호를 받았을 때 명령 블록을 삽입한 다음 ▼를 클릭하여 '게임준비'를 선택하고 [제어]
팔레트의 무한 반복하기 명령 블록을 연결합니다.

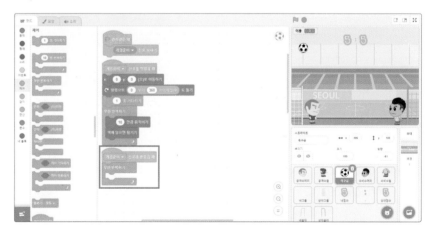

❷ [제어] 팔레트의 만약 (이)라면 명령 블록을 연결한 다음 [연산] 팔레트의 ◀ 또는 ▶ 명령 블록을 연결합니다.

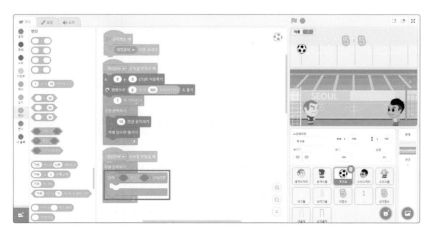

❸ [감지] 팔레트의 마우스 포인터 ▼ 에 닿았는가? 명령 블록을 또는 명령 블록의 왼쪽과 오른쪽에 연결한 다음 ▼를 클릭하여 '공격수머리'와 '수비수머리'를 각각 선택합니다.

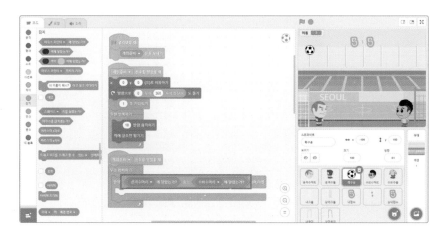

❹ [동작] 팔레트의 90 도 방향 보기 명령 블록을 연결한 다음 [연산] 팔레트의 ◯ ◯ 명령 블록을 연결합니다. [감지] 팔레트의 축구공 ▼ 의 x좌표 ▼ 명령 블록을 ◯ ◯ 명령 블록의 왼쪽에 연결한 다음 'x좌표 ▼'를 클릭하여 '방향'을 선택하고 오른쪽에 '180'으로 변경합니다.

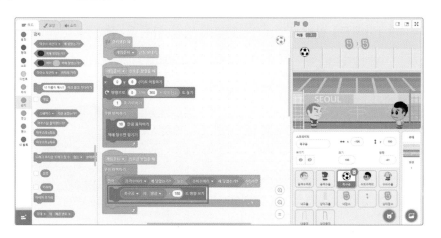

> **TIP**
> '축구공' 스프라이트가 선택된 상태에서는 [감지] 팔레트의 축구공 ▼ 의 x좌표 ▼로 표시되지 않기 때문에 다른 스프라이트에서 복사합니다. '공격수머리' 스프라이트를 선택하고 [감지] 팔레트의 축구공 ▼ 의 x좌표 ▼ 명령 블록을 '축구공' 스프라이트로 드래그 하여 사용합니다.

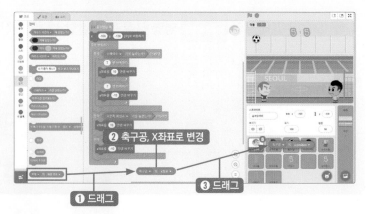

❺ [제어] 팔레트의 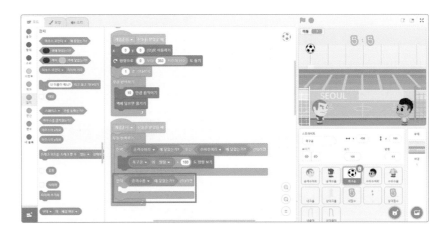 명령 블록을 연결한 다음 [감지] 팔레트의 ◀마우스 포인터 ▼ 에 닿았는가?▶ 명령 블록을 연결합니다. 이어서, ▼를 클릭하여 '공격수몸'을 선택합니다.

❻ [동작] 팔레트의 ◀90 도 방향 보기◀ 명령 블록을 연결한 다음 [연산] 팔레트의 ◀1 부터 10 사이의 난수◀ 명령 블록을 연결하고 값을 '60', '120'으로 변경합니다.

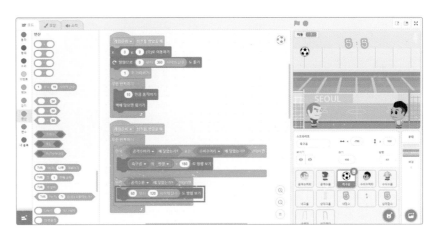

❼ [제어] 팔레트의 ◀만약 (이)라면▶ 명령 블록을 연결한 다음 [감지] 팔레트의 ◀마우스 포인터 ▼ 에 닿았는가?▶ 명령 블록을 연결합니다. 이어서, ▼를 클릭하여 '수비수몸'을 선택합니다. [동작] 팔레트의 ◀90 도 방향 보기◀ 명령 블록을 연결한 다음 [연산] 팔레트의 ◀1 부터 10 사이의 난수◀ 명령 블록을 연결하고 값을 '-60', '-120'으로 변경합니다.

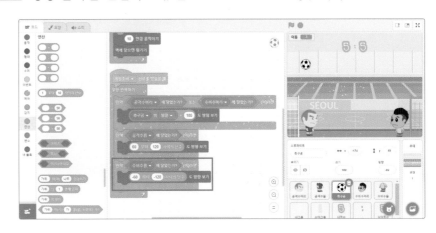

⑧ [제어] 팔레트의 ⬚⬚⬚⬚ (이)라면 명령 블록을 연결한 다음 [연산] 팔레트의 ◆ 또는 ◆ 명령 블록을 연결합니다.

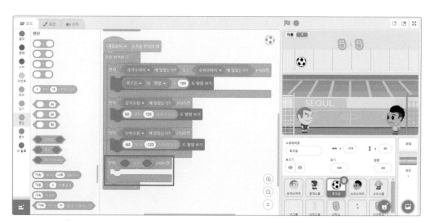

⑨ ◆ 또는 ◆ 명령 블록의 왼쪽에 [감지] 팔레트의 ⟨마우스 포인터 ▾ 에 닿았는가?⟩ 명령 블록을 연결한 다음 ▼를 클릭하여 '내골대'를 선택하고 오른쪽에도 [감지] 팔레트의 ⟨마우스 포인터 ▾ 에 닿았는가?⟩ 명령 블록을 연결한 다음 ▼를 클릭하여 '상대골대'를 선택합니다.

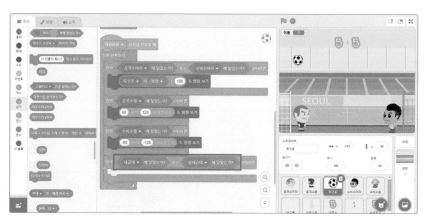

⑩ [동작] 팔레트의 ⟨90 도 방향 보기⟩ 명령 블록을 연결한 다음 [연산] 팔레트의 ◯+◯ 명령 블록을 연결합니다. 위쪽의 ⟨축구공 ▾ 의 x좌표 ▾⟩ 명령 블록을 마우스 오른쪽 단추를 눌러 복사한 후 ◯+◯ 명령 블록 왼쪽에 연결한 다음 오른쪽 값을 '180'으로 변경합니다.

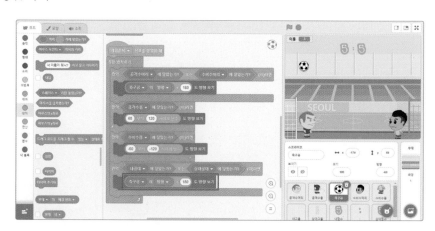

연습 문제

01 [무대]에 40초가 지나면 게임을 종료할 수 있도록 코딩해 보세요.

02 '축구공' 스프라이트의 █████████ 스크립트에서 █████████ 명령 블록의 값(10~50)을 바꾸고 공이 어떻게 움직이는지 확인해 보세요.

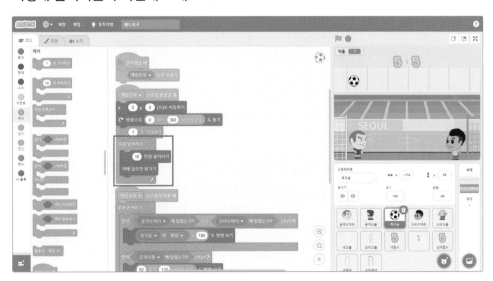

헤드축구 ❷

수비수가 축구공의 위치에 따라 자동으로 이동하고, 적절한 높이에 위치하면 헤딩을 할 수 있도록 코딩해 보겠습니다. 또한, 축구공이 내 그물이나 상대 그물에 닿으면 점수를 올리는 방법도 알아보겠습니다.

학습목표

- '축구공' 스프라이트의 위치에 따라 '수비수머리' 스프라이트의 위치를 바꿀 수 있습니다.
- 그물에 닿으면 점수를 올릴 수 있습니다.
- 스프라이트의 모양 번호를 확인하고 게임을 종료할 수 있습니다.

¤ **예제 파일** : 헤드축구.sb3   ¤ **완성 파일** : 헤드축구(완성).sb3

¤ **사용 방법** : 축구공으로 상대편 골대에 넣을 수 있도록 몸을 움직이고(→, ←), 헤딩(Space Bar)을 하는 게임입니다.

01 수비수 머리 코딩하기

① '수비수머리' 스프라이트를 선택한 다음 [이벤트] 팔레트의 [개발관리 신호를 받았을 때] 명령 블록을 스크립트 영역에 드래그하고 [동작] 팔레트의 [x 160 y -130 (으)로 이동하기] 명령 블록을 연결합니다.

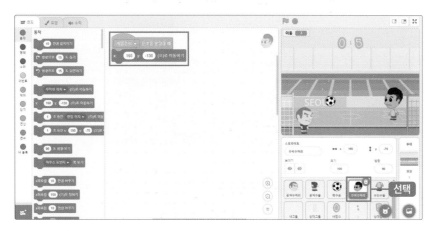

② [제어] 팔레트의 명령 블록과 명령 블록을 연결합니다.

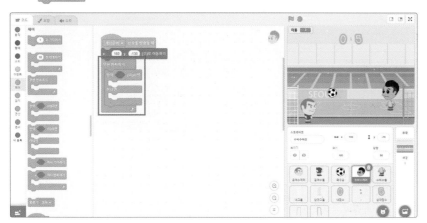

③ [연산] 팔레트의 ◯ 50 명령 블록을 [아니면 (메리)면] 명령 블록에 연결합니다. 이어서, [감지] 팔레트의 [무대 의 배경 변호] 명령 블록을 ◯ 50 명령 블록 왼쪽에 연결한 다음 ▼를 클릭하여 '축구공'을 선택하고 오른쪽은 '20'으로 변경합니다.

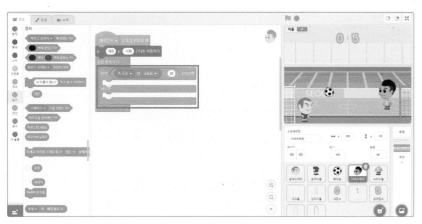

❹ [제어] 팔레트의 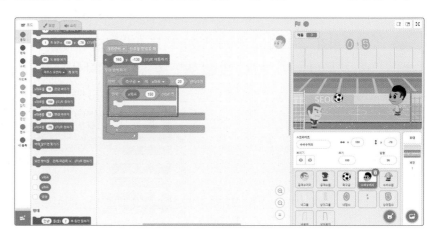 명령 블록을 연결한 다음 [연산] 팔레트의 ◯◯ 50 ◯ 명령 블록을 연결합니다. [동작] 팔레트의 x좌표 명령 블록을 ◯◯ 50 ◯ 명령 블록 왼쪽에 연결한 다음 오른쪽은 '150'으로 변경합니다.

❺ [동작] 팔레트의 x좌표를 10 만큼 바꾸기 명령 블록을 연결합니다.

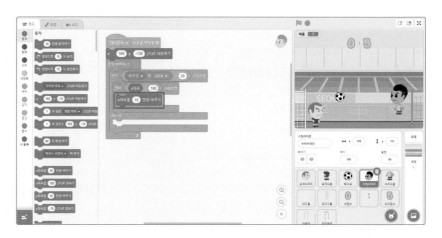

❻ [제어] 팔레트의 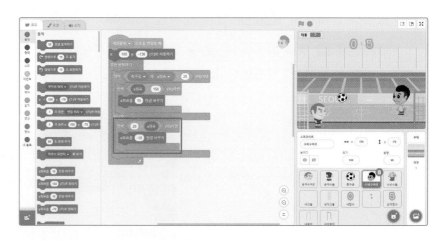 명령 블록을 연결한 다음 [연산] 팔레트의 ◯◯ 50 ◯ 명령 블록을 연결합니다. [동작] 팔레트의 x좌표 명령 블록을 ◯◯ 50 ◯ 명령 블록 오른쪽에 연결한 다음 왼쪽은 '20'으로 변경합니다. [동작] 팔레트의 x좌표를 10 만큼 바꾸기 명령 블록을 연결한 다음 값을 '-10'으로 변경합니다.

02 공이 가까이 오면 뛰기

① [이벤트] 팔레트의 ⬛⬛⬛⬛⬛ 명령 블록을 삽입한 다음 [제어] 팔레트의 ⬛⬛⬛⬛ 명령 블록을 연결합니다.

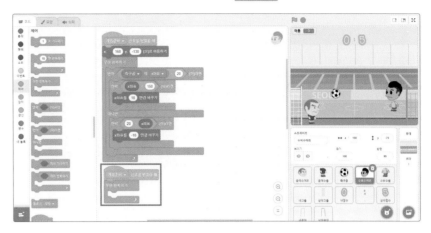

② [제어] 팔레트의 ⬛⬛⬛ 명령 블록을 연결한 다음 [연산] 팔레트의 ⬛⬛50 명령 블록을 연결합니다. [감지] 팔레트의 ⬛무대▼ 의 배경 변호▼ 명령 블록을 ⬛⬛50 명령 블록 왼쪽에 연결한 다음 ▼를 클릭하여 '축구공', 'y 좌표'를 선택하고 오른쪽에 '-20'을 입력합니다.

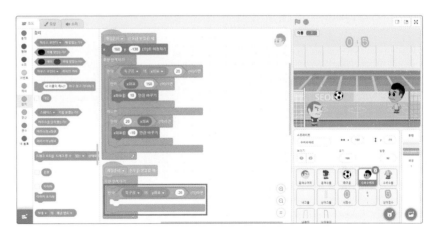

③ [제어] 팔레트의 ⬛10 번 반복하기 명령 블록을 연결한 다음 값을 '7'로 변경하고, [동작] 팔레트의 y좌표를 10 만큼 바꾸기 명령 블록을 연결합니다.

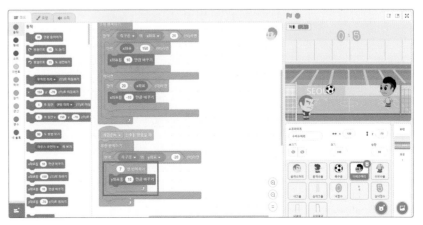

④ 동일한 방법으로 [제어] 팔레트의 을 연결한 다음 값을 '7'로 변경하고, [동작] 팔레트의 y좌표를 10 만큼 바꾸기 을 연결한 다음 값을 '-10'으로 변경합니다.

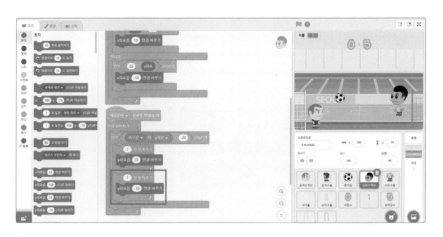

03 수비수머리를 따라다니는 몸

① '수비수몸' 스프라이트를 선택하고 [이벤트] 팔레트의 [클릭했을 때] 을 삽입한 다음 [제어] 팔레트의 [무한 반복하기] 을 연결합니다.

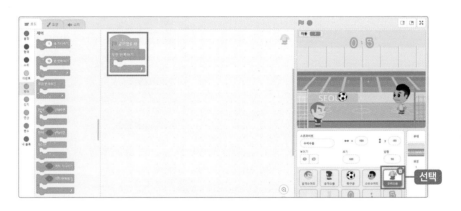

② [동작] 팔레트의 x 160 y -130 (으)로 이동하기 을 연결한 다음 [감지] 팔레트의 무대 의 배경 변호 을 'x:' 항목에 연결합니다. 이어서, ▼를 클릭하여 '수비수머리'와 'x좌표'를 선택하고, [감지] 팔레트의 무대 의 배경 변호 을 'y:' 항목에 연결한 다음 수비수머리 의 y좌표 로 변경합니다.

04 골인되면 점수 올리기

❶ '내그물' 스프라이트를 선택한 다음 [이벤트] 팔레트의 █████ 명령 블록을 스크립트 영역에 드래그합니다. 이어서, [제어] 팔레트의 █████ 명령 블록을 연결합니다.

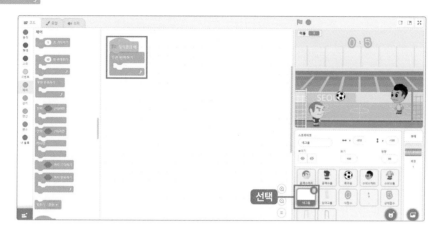

❷ [제어] 팔레트의 █████ 명령 블록을 연결한 다음 [감지] 팔레트의 █████ 명령 블록을 연결하고 ▼를 클릭하여 '축구공'을 선택합니다.

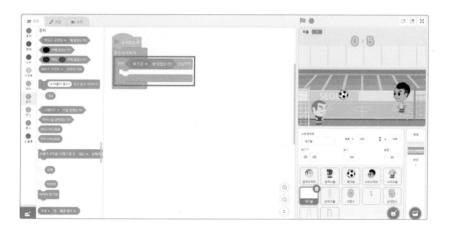

❸ [이벤트] 팔레트의 █████ 명령 블록을 연결한 다음 ▼를 클릭하여 '새로운 메시지'를 선택하고, '상대점수올리기'를 입력합니다. 이어서, █████ 명령 블록을 연결합니다.

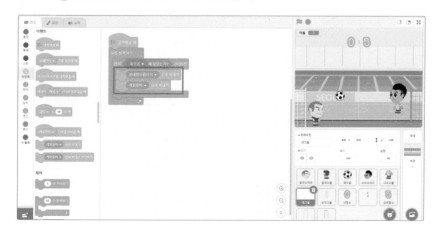

❹ '상대그물' 스프라이트를 선택한 다음 [이벤트] 팔레트의 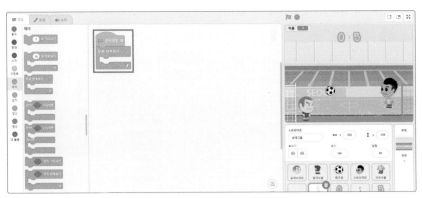을 스크립트 영역에 드래그 하고, [제어] 팔레트의 을 연결합니다.

❺ [제어] 팔레트의 을 연결한 다음 [감지] 팔레트의 을 연결하고 ▼를 클릭하여 '축구공'을 선택합니다. [이벤트] 팔레트의 을 연결한 다음 ▼를 클릭하여 '새로운 메시지'를 선택하고 '내점수올리기'를 입력합니다. 이어서 을 연결합니다.

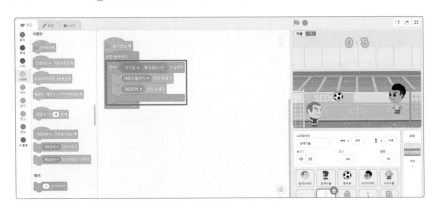

05 ▸ 점수판 만들기

❶ '내점수' 스프라이트를 선택한 다음 [이벤트] 팔레트의 을 스크립트 영역에 드래그하고, [동작] 팔레트의 x -30 y 130 (으)로 이동하기 을 연결합니다. [형태] 팔레트의 크기를 100 %로 정하기 을 연결한 다음 '50'으로 변경하고 모양을 5 ▾ (으)로 바꾸기 은 연결한 다음 ▼를 클릭하여 '0'을 선택합니다.

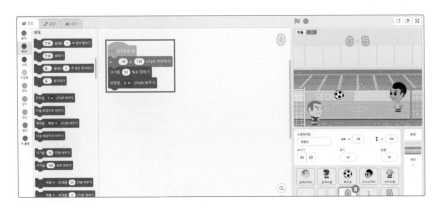

❷ [이벤트] 팔레트의 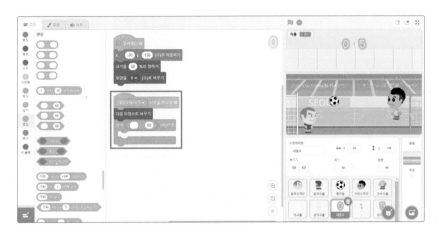 명령 블록을 삽입한 다음 ▼를 클릭하여 '내점수올리기'를 선택합니다.
[형태] 팔레트의 ◼️◼️◼️ 명령 블록을 연결하고 [제어] 팔레트의 ◼️◼️◼️ 명령 블록을 연결한 다음
[연산] 팔레트의 ◻️◻️ 명령 블록을 연결합니다.

❸ ◻️◻️ 명령 블록 왼쪽에 [형태] 팔레트의 ◼️◼️ 명령 블록을 연결한 다음 오른쪽에 '5'를 입력하고,
[제어] 팔레트의 ◼️◼️ 명령 블록을 연결합니다.

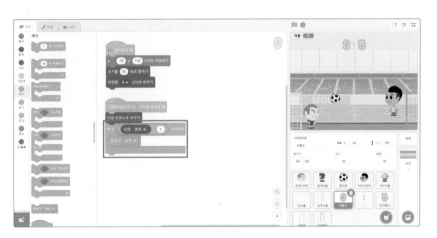

❹ '상대점수' 스프라이트를 선택한 다음 [이벤트] 팔레트의 ◼️◼️ 명령 블록을 스크립트 영역에 드래그
하고, [동작] 팔레트의 ◼️◼️◼️ 명령 블록을 연결합니다. [형태] 팔레트의 ◼️◼️◼️ 명령 블록을
연결하고 '50'으로 변경한 후 ◼️◼️ 명령 블록을 연결한 다음 ▼를 클릭하여 '0'을 선택합니다.

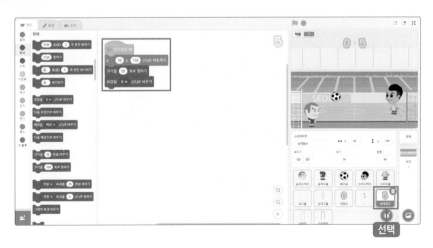

❺ [이벤트] 팔레트의 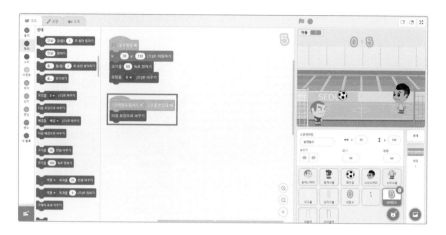 명령 블록을 삽입한 다음 ▼를 클릭하여 '상대점수올리기'를 선택합니다. 이어서, [형태] 팔레트의 [다음 모양으로 바꾸기] 명령 블록을 연결합니다.

❻ [제어] 팔레트의 [만약 (이)라면] 명령 블록을 연결한 다음 [연산] 팔레트의 [= 50] 명령 블록을 연결합니다.

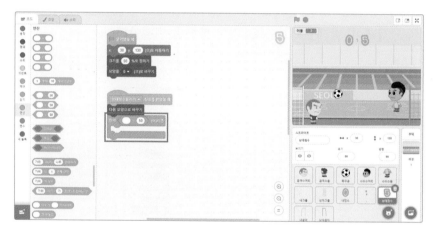

❼ [= 50] 명령 블록 왼쪽에 [형태] 팔레트의 [모양 번호 ▼] 명령 블록을 연결한 다음 오른쪽에 '5'를 입력하고, [제어] 팔레트의 [멈추기 모두 ▼] 명령 블록을 연결합니다.

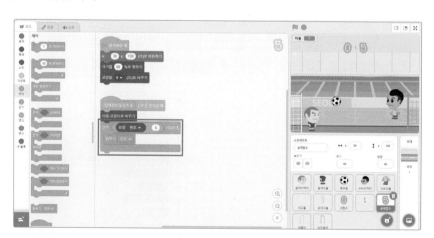

01 '축구공' 스프라이트를 다음 조건에 맞도록 코딩해 보세요.

- 게임이 시작되면 '이동' 변수의 값을 '10'으로 정한다.
- '축구공' 스프라이트는 '이동' 변수의 값만큼 움직인다.

02 '축구공' 스프라이트에 [내점수올리기 ▼ 신호를 받았을 때] 스크립트를 추가한 후 다음 조건을 만족하도록 코딩해 보세요.

- 만약 '내점수' 스프라이트의 모양 번호가 '3'이면 '이동' 변수의 값을 '15'로 변경한다.

03 '축구공' 스프라이트에 [상대점수올리기 ▼ 신호를 받았을 때] 스크립트를 추가한 후 다음 조건을 만족하도록 코딩해 보세요.

- 만약 '상대점수' 스프라이트의 모양 번호가 '3'이면 '이동' 변수의 값을 '15'로 변경한다.

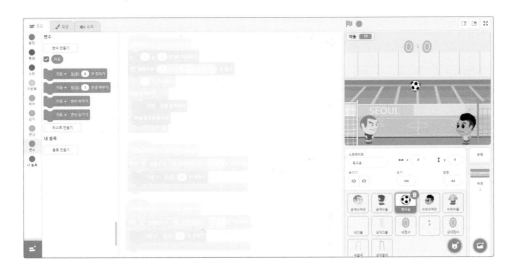